125
ライブラリー
002

今を生きる若者の人間的成長

都筑 学
Manabu Tsuzuki

中央大学出版部

はしがき

　人間は，真空の中を生きているのではない。その時代の空気を吸いながら生きているのだ。人間は，時代の中で暮らし，時代とともに生きていくのである。

　今は，先行きの見えない時代であると言われる。バラ色の未来を想像することは難しい。そんなふうに思い描かれた未来は，絵空事のように感じられる。むしろ，未来を否定的にとらえる傾向の方が強い。

　思い返せば，私が大学生だった頃も同じようだった。1973年のオイルショックで，それまでとは社会状況が一変した。高度経済成長が終わったのだ。同級生には，就職が決まらず留年を余儀なくされた人も少なくなかった。私は大学院に進学した。心理学が面白くなってきたからだ。ただそれだけで，研究の道を選んだ。自分の未来のことは，皆目見当もつかなかった。先輩たちの様子を見ながら，「これから先，何とかなるかな」と思うしかなかった。

　私たちは，ある時代に生まれてくる。それは選びようがない。私たちは，時代と付き合って生きていくしかない。その時代の中で，私たちは，たった一度の人生を歩んでいくことになるのである。

　そうであればこそ，充実した人生を送りたい。誰しもがそう思う。どうすれば，それが実現できるのか。何か成功の秘訣はあるのか。ハウツー本やマニュアル本が，そうした答えを教えてくれるような気がしてくる。

　人生は筋書きのないドラマである。ちょっとしたテクニックだ

けで乗り切れるほど，人生は容易なものではない。そうだとすれば，どうすればよいのか。結局のところ，自分の頭で考え，自分で結論を出していく。それ以外に，方法はない。そうした営みが，自らを成長へと誘っていくのである。

人間は，時代の制約を受けながら生きていく。その一方で，時代の限界を切り開き，新しい時代を作っていく。それもまた，同じ人間なのだ。私たち一人ひとりも，時代に生きる自分の殻を打ち破り，成長していく存在なのである。

本書は，このように前向きに生きようとしている人々に送るエールである。人間的成長には，悩みや不安がつきものだ。人は誰しも，自分の欠点や弱点に目が行きがちである。暗い時代であれば，なおさらその傾向が強まっていく。そんなとき，ふと立ち止まって改めて考えてみよう。自分の悩みや不安は，本当にネガティブなものなのだろうか。自分の欠点や弱点は，本当にネガティブなものなのだろうか。

発達という現象には，プラスとマイナスの両面が含まれている。どちらかだけを見ていても，発達の本質を理解できない。マイナスと考えられている面にも，大切な役割を果たしている部分があるのだ。

こんなふうに，従来とは違った視点から，人間の発達や成長を眺めてみる。そこから得られるものが，時代を生きる私たちの人生の支えとなるのではないか。本書は，そんな視点から書かれたものである。

本書は，3章構成になっている。第1章のポイントは，自分は他者との関係の中で生きているということである。私たちは，自分ではなかなか自分のことはわからない。他者という鏡を通して，

自分を知るのである。そのとき，ともすれば劣等感を抱いたりする。自信を無くしたりもする。その一方で，自分は自分一人で生きていかないといけないと考えたりする。本来，人間は，関係の網の目の中で生きている存在である。他者に頼ることは悪いことではない。むしろ，他者とのかかわりの中で，互いに影響し合いながら，ともに生きていくことが求められるのである。

　第2章のポイントは，人生にはさまざま選択機会があり，そこでの悩みや不安は成長に不可欠だということである。一つを選ぶことは，他のものを捨てることである。そこには，悩みがつきものである。人生にも，数多くの選択場面が用意されている。決断が求められる状況で，ときには危機に陥るかもしれない。そうした場面を乗り切ることで，新たな段階へと進んでいけるのである。人生の未来はなかなか見えない。不安になることもあるかもしれない。だが，不安の裏側には期待が必ず潜んでいる。それを頼りに，生きていくことが求められるのである。

　第3章のポイントは，人生にはピンチがあるが，それをチャンスに変えることで成長していけるということである。人生は長距離を走るようなものである。全力疾走で走り抜けることはできない。山もあれば谷もある。絶体絶命のピンチも訪れるかもしれない。ときには，立ち止まったり，エネルギーをためることも必要だ。人生がうまく進まなくなったときは，考え直してみるとよい。今までとは違ったやり方を工夫してみれば，自分は一回り大きくなる。そうやって未来を創り出していくことが求められるのである。

　若者は未来に向かって生きると言われる。未来に対して希望が抱きにくい時代に，どうやって未来に向かって生きていけばよい

のか。悩みや不安ばかりが大きくなってしまう現実にどう立ち向かえばよいのか。未来のことばかり思い煩うのは，やめにしよう。自分が生きている今をしっかりと見つめることだ。今の生活を確実なものしていくことだ。そうやって，充実した今を生きることが未来への成長につながっていく。本書のポイントは，これに尽きる。読者のみなさんに，そうした思いを感じ取ってもらえれば幸いである。

著　　者

目次

はしがき……………………………………………………………… i

第1章 人との関係……………………………………… 001
- 第1節 自分を知る……………………………………… 002
- 第2節 人に頼る………………………………………… 022

第2章 人生における選択……………………………… 041
- 第1節 岐路に立って悩む……………………………… 042
- 第2節 未来を不安に思う……………………………… 063

第3章 成長していく自分……………………………… 081
- 第1節 ジグザグに進む………………………………… 082
- 第2節 ピンチをチャンスに…………………………… 101

あとがき……………………………………………………… 121
参考文献……………………………………………………… 123

第1章
人との関係

第1節 自分を知る

　城山三郎の『素直な戦士たち』は，恐ろしい小説だ（城山，1978）。登場人物は，秋雄と千枝という夫婦。それに二人の子ども。長男の英一郎と年子の弟の健次だ。

　千枝の望みは，自分の子どもを東大に入れること。そのためにIQの高い秋雄と見合い結婚する。千枝は男の子を産むために，滑稽とさえ思われるほどの努力を重ねる。その甲斐あって，英一郎が誕生する。千枝は全精力を傾注して，英才教育に励む。英一郎はそれに応えて，目標への階段を一歩ずつ上がっていく。想定外だったのは，次男の健次が生まれたこと。それ以外は，千枝の望み通りに全て順調に進んでいた。

　外で元気に飛び回っていた健次も，やがて勉強に目覚めていく。その頃から，少しずつ兄弟の間がギクシャクしてくるのだ。物心つく前から，母親の期待通り言われるままに大きくなってきた英一郎。母親には何も言われず，のびのびと自由に育ってきた健次。生活体験も育ちも大きく異なる兄と弟。二人が受験戦士として同じ土俵で互いにしのぎを削るようになったとき，物語は一つの結末を迎えることになるのだ。

　親と子ども，兄と弟という近しい間柄。そうであるからこそ，生じる葛藤はより深く，より複雑になるのである。

1　自分とは何か

1 | 自画像の不思議

　多くの画家が自画像を描いている。中でも，ゴッホの自画像は有名だ。ゴッホは何枚も自画像を描いている。絵の中のゴッホは，実にいろいろな表情をしている。そのときどきのゴッホの心情が，その自画像によく表れている。

　普通，自画像と言えば，顔が描かれているものだ。誰もが，それを自然なことと思っているに違いない。「顔を揃える」と言われるように，顔は人のことを指すのだから。

　当たり前のことだが，自分の顔は自分には見えない。自分の目で，自分の顔を直接見ることはできないのだ。自分の目に見えるものは，自分の指や手，肩や胴体や足などだけだ。顔や背中や首などは自分では見ることができない。自分の身体には，自分で直接見える部分と見ることのできない部分があるのである。

図1-1 | M.C. エッシャー
Hand with Reflecting Sphere
（写像球体を持つ手）

　図1-1のように，エッシャーの自画像は大変ユニークなものである。こうした二つの部分を併せて描いているのだ。透明な球体を持った自分の左手。その球体に映った自分。その周囲の世界。それらが全部描かれている。

第1章 | 人との関係

自分の顔は自分では見えない。だからこそ、なおさら気になってしかたないのかもしれない。他人の目にどのように映っているのか。他人からどのように見られているのか。私たちは、それを知ろうと努力する。その手だては多様だが、いずれも限界がある。

　相手の表情やしぐさを通してわかる自分は、間接的にわかる自分だ。鏡に映った自分は、左右反対の自分だ。写真の中の自分は、過去の時間に存在していた自分だ。そうした断片を寄せ合わせながら、私たちは自画像を組み立てていく。

　年齢とともに、顔つきは変わっていく。変化しながらも、自分の顔を見誤ることはない。これもまた実に不思議である。

2 ｜ 鏡に映った自分

　ナルシストという言葉を知っているだろうか。自己陶酔型で、うぬぼれの強い人のことである。鏡に映る自分を見てうっとりとするようなタイプだ。ギリシャ神話に出てくる美少年ナルキッソスが語源である。ナルキッソスは妖精たちに慕われたが、自分以外の誰をも愛さなかった。川面に映る自分の美しさに恋いこがれて死に、水仙（ナルシシス）の花に化したという。

　ナルキッソスほどではないにしても、私たちも鏡に映った自分に魅せられることがある。思春期のときが特にそうだ。朝起きて、鏡をじっくりと見る。そこに映った自分をチェックする。ニキビがポツンと一つできている。それが気になって仕方がない。髪に寝癖がついている。それも気になる。鏡を見ては溜息をつき、些細なことに気を病む。そんな経験の一つや二つは誰にもあることだろう。

鏡に映った自分は我が分身であり、見慣れた自分である。毎日見ているだけに、ちょっとした違いに気づく。自分の思っているイメージと異なれば、何とかしなければという気持ちが強くなる。ニキビも寝癖も最大の敵だ。それなのに、意外と他の人には、そんな苦労がわからないものだ。毎日鏡とにらめっこして、自分に溜息をついているのはお互い様なのに。

　小さな手鏡では、部分的にしか自分は見えない。三面鏡で映せば、いろいろな角度から自分を眺められる。そうやって鏡から距離を取れば、その分だけ自分の全体を見ることができる。自分を多面的に見ることができるということなのだ。

　それでも鏡に映った自分は、現在の自分の影である。昔の自分は、そこには映らない。何年かぶりでバッタリと友人に会う。そこで、昔の印象とずいぶんと変わったことに気づく。こんなふうに、少し時間を置くことで初めてわかることもあるのだ。自分の成長に気づくにも、こんな仕掛けがないといけないのである。

3 | 他人と見比べる

　冬になると風邪が流行する。その予防対策として、サルに長ネギをあげる動物園があるそうだ。テレビのニュースで見たことがある。サルは両手で長ネギをつかんで、美味しそうに食べていた。

　それでは、サルにラッキョウを与えたらどうなるだろうか。知的好奇心の強いサルは、それが何であるかを知りたがる。そこで、ラッキョウの皮を1枚剥く。ちょっとだけラッキョウが小さくなる。さらに1枚剥く。またさらに1枚剥く。そうやって皮を1枚ずつ剥いていくと、最後に何も残らない。そのようにして

も，サルにはラッキョウが何かはわからないのだ。これは実際の話ではない。あくまでも仮想の話である。

　ラッキョウが自分の内面であると考えてみよう。自分の内側にあるものを1枚，また1枚とめくっていく。そうやっても，最後には何も残らない。自分の内面だけを見つめていても，結局のところ，自分とは何かはわからないのである。そういった内向き志向は最後には無駄に終わる。サルのラッキョウ剝きとは，その喩(たと)え話なのである。

　だとすれば，どうすれば自分が何者かをつかめるのだろうか。一つの有力な手だてがある。それは，自分と他人とを比べてみることである。私たちの周囲には，たくさんの人がいる。そうした人と自分とを比較してみる。同じところや共通しているところもあるだろう。他方で，違うところや差異もあるに違いない。背が高い，足が速いという外面的なものもある。人に優しい，思慮深いという内面的なものもある。長所だけでなく，短所もあるだろう。このように，他人と自分を比べてみて，自分の特徴について気づくことができるのである。

　「人の振り見て我が振り直せ」という諺(ことわざ)がある。他人の行動やふるまいを見て，自分を戒めることもある。他人とは，自分を映す鏡である。他人と自分を比べながら，私たちは自分とは何かを知っていくのだ。

4 | 違いに気づく

　身長や体重から始まり，趣味や価値観に至るまで，私たちは人それぞれである。十人十色と言われるように，個人個人は異なっている。私たちは，そうした個人差があることをよく知ってい

る。

　個人差には二つの種類がある。一つは量的な差異だ。身長の低い人から高い人までいる。身長計で測れば，順に並べることができる。身長が高ければ，電車の網棚に荷物を載せるのに楽だ。あまり高すぎれば，ドアから入るたびに頭がぶつかりそうになる。身長が高いことが，必ずしもよいとばかりとは言えない。

　もう一つは質的な差異だ。いくつかのタイプに分類されるようなものである。好きな音楽のジャンルがその例だ。ロック，ジャズ，ポップス……。挙げていけば，切りがない。どの音楽を好きになっても構わない。二つのジャンルが好きでも構わない。

　このように，個人差を測るモノサシや基準には，量的なものと質的なものがある。長袖のYシャツを選ぶとしよう。まずは，首回りと裄を測るところから始まる。二つの次元がわかれば，Yシャツの大きさが決まる。私たちの個人差は，無限の次元から成り立っている。元々，個人差を一つの枠に閉じこめることなどできないのである。

　私が高校生のとき，制服が定められていた。詰め襟の学生服だった。校章と白線2本のついた学生帽。それらを身につけて，高校に通ったものだ。今は，制服の代わりに，標準服を定めている学校も多いようだ。制服でも標準服でも，若者はそれからはみ出さない範囲で，自分らしさを表現する。何とか自分を主張したい。そんなふうに考えるのが，若者の特権かもしれない。小さなこだわりであっても，譲れないものがある。そういうこだわりも，ときには重要なものなのではないだろうか。

5 | 個性としての自分

　学校の中で目立つ存在は，いつでもどこでもいるものだ。ときとして，「個性的な人だ」と言われたりする。「個性的」という言葉には，ユニークで，他の人には真似できないという意味が込められている。

　「個性的な人」と聞いて，どんな人を思い浮かべるだろうか。髪型や髪の色，洋服や装飾品，趣味や嗜好。それらが人と違ってやや突飛だと感じられると，「個性的な人」だと考えられることが多いようだ。

　確かにそれは，半分は正しいが，半分は間違っている。その人は，他の大勢の人と大きく違っている。個人差としてはかなりのものだ。だから「個性的」だと言われる。その人が「個性的」である理由は，もう一つある。それは，その人が，この世の中で他の誰にも取り替えることのできない唯一の存在だということである。突飛であろうとなかろうと，その人の存在自体が「個性的」なのだ。

　個性は，英語でインディビデュアリティ（individuality）という。この単語は，これ以上分割できない性質のことを指している。私たちは，一人の人間として生きている。他の人とは異なる独自性を持っている。この世に生まれてから歩んできた人生は唯一無二のものである。他の誰の人生でもない。私の人生なのである。

　私という存在は，身体と精神の全てが組み合わさってできている。それが一つの単位をなしている。左手は私の左手であって，左手のみでは私として認められない。私こそが，それ以上に分割できない性質を備えたものなのである。

世の中に暮らす全ての一人ひとりの人間が、一つひとつの個性である。それゆえ私たち一人ひとりは個性的なのである。集団の中で目立つ。そのことで、個性が発揮されるというわけではないのだ。個性としての自分は何にもまして大切なものである。私たちは、こうした自分と付き合って、人生を歩んでいくことになるのである。

2　劣等感を抱く

1｜自分の向き不向き

　体育が苦手だが、英語は好きという人がいる。音楽は得意だが、数学は嫌いという人もいる。私たちの能力や適性は、実にさまざまだ。

　好きな教科や得意な教科で進路を決めるという人もいる。それを自分が何に向いているのかの判断材料にしようというのだ。

　私は高校時代、数学が好きだった。それで、2年生になるときに理系コースを選んだ。それは大きな間違いだった。数学の点数はそれなりによかったが、物理や化学がダメだった。3年生でも理系クラスで勉強し、入試では文系を受験した。いわゆる文転である。

　「食わず嫌い」という言い方もある。やる気を出せばまた違ったことになったのかもしれない。今更それを言っても始まらない。一つの教科の成績だけで、自分の先々を決めないことだ。私のように苦い体験をしないためにも。

　どんな人にも向き不向きはある。要は、それをどのようなモノ

サシや基準で選ぶかだ。複数のモノサシや基準を使えば、いろいろと違った判断もできるようになる。自分の長所や短所についても、よくわかってくる。他の人と比較して自分を知ることにもつながっていく。個人差の理解を通じて、自分のプロフィールをつかんでいくのだ。

プロフィール（profil）とはフランス語で、横向きの顔のことである。さらに、もう一つの意味がある。ある人の一般にはよく知られていない一面のことも指すのだ。いろいろな角度から自分のことを眺めてみる。すると、案外とそれまで気づかなかった自分の一面に気づくこともあるのだ。

もちろん、学校の勉強だけがモノサシや基準の全てではない。自分や他人を判断するとき、ついつい一つの基準で単純化してとらえがちだ。私たちは店で売られている商品ではない。判断基準は多様である。人には値札をつけられない。このことを忘れてはいけない。

2 ｜ 自分を測るモノサシ

ここに二人の若者がいるとしよう。Aさんは185センチ。すらっとして見栄えがよいが、濁声だ。Bさんは美声の持ち主。その歌は聴く人を喜ばせるが、ずんぐりむっくりの背格好。二人の間には個人差があり、それぞれ個性として存在している。

一つ目の質問である。「あなたは、二人のうち、どちらが好きか」。難しい質問かもしれない。それでも、声か身長か、どちらかに重きを置いて判断したとする。好き嫌いは、誰にでもある。無理矢理どちらか一方を選べないことはない。

次の質問はどうだろうか。「あなたは、二人のうち、どちらが

人格的によい人だと思うか」。この問いに回答するのは，さらに難しいかもしれない。Aさんという個性とBさんという個性をまるごと比較しなければならないからだ。元来，個性の優劣は比べられないものである。どちらもよいとしか言いようがないのだ。この質問は，回答不能な問いなのである。

このように個人差は測定できるが，個性は測定できない。個人差は評価できても，個性は本来的に評価すべきものではないのである。

私たちはさまざまなやり方で，自分を客観的にとらえようとする。それは，自分の進歩や成長の様子を自分で確認したいからだろう。

過去の自分と比較して，今の自分を相対化して眺める。それは過去から現在までの自分の成長を絶対評価の観点からとらえることである。他人と比較して自分を相対化して眺める。それは，自分の成長を相対評価の観点からとらえることである。そのようにして複数の観点からとらえられた自分は，未来へと確実に足を踏み出していくことになる。

自分を測るモノサシをさまざま準備することが，大切になってくるのである。

3 ｜ 引け目を感じる

三高という言葉が流行った時期があった。女性が結婚相手に求める三つの条件のことである。身長が高く，高学歴で，高収入。これだけ揃えば文句無しだが，果たして現実にそんな人はどれほどいるのだろうか。もしも競争相手が三高だったとしたらどうだろう。あっさりと甲を脱ぐか，白旗を揚げるしか手はないかもし

れない。

　でもそんなふうに思わなくてもよい。そういう声も聞こえてきそうな気がする。人間の価値は，この3点だけで評価しきれないからだ。もっといろいろなモノサシや基準で人を見ることが大切だからである。このことを忘れてはならない。

　そうは思っていても，私たちは他人に対して，引け目を感じてしまうことがある。そのときに生じている気持ちが，劣等感である。自分が他人よりも劣っているという感情のことだ。自分と他人を比較したとき，劣等感を感じる。それはある意味，やむを得ないことなのかもしれない。

　肝心なのは，自分が抱いている劣等感を自分でどう見るかだ。これには二つの見方がある。

　一つは，自分が劣っていて，どうしようもないと諦める気持ちだ。一部が劣っているからといって，全部を否定的に考えるようになると救いようがない。

　別の一つは，自分には劣っている面があることをあっさり認め，それを補おうとする気持ちだ。劣っているところを伸ばそうとしてもいいし，別のところをさらに伸ばしてもよい。

　人間を測るモノサシや基準は無数に存在している。その全てが他人よりも勝っている人など，この世の中にいるわけがない。誰もが他人に引け目を感じることがある。人は，大なり小なり劣等感を持っているものなのだ。やたらと高慢で，鼻高々に語る人ほど，信用ならないものである。控えめに自分を語る人ほど，潜在的なエネルギーを蓄えているのではないだろうか。

4 | 自分の知らない自分

　自分というのは，実に厄介な存在だ。自分の目で，自分の姿を全部とらえることができない。他人と自分を比較すれば，ダメなところについつい目が行ってしまう。それでも，誰もがその自分と一生付き合っていかないといけない。前に進むのも，後ろに下がるのも，自分の意思一つなのだ。

　私はどんなことに向いているのか。私はこれから何をしたいのか。そんな問いを立てて，自分について考えてみる。ジョハリの窓は，そのための一つの手段である（Luft, 1970）。

　図1-2のように，私たちは4つの窓を持っている。一つひとつの窓を開くと，違った自分が姿を現す。

　第1は，開放の窓。自分もわかっているし，他人もわかっている。誰もが知っている自分だ。

　第2は，盲点の窓。他人はわかっているのに，自分ではまだわかってない自分だ。自分では意識しない小さな癖も，他人からは

図1-2 | ジョハリの窓

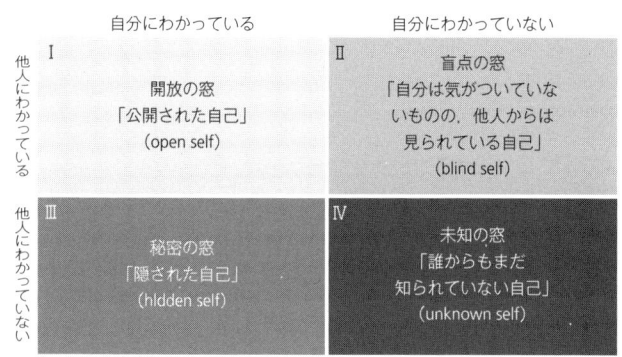

よくわかるものなのだ。

　第3は，秘密の窓。他人には知られていない，自分だけ知っている自分だ。誰にでも秘密にしておきたいことがあるものだ。

　第4は，未知の窓。自分も他人も誰もまだ気づいていない自分だ。それが何であるか，いつかわかるときが来るかもしれない。一生気づかずに終わるかもしれない。

　私たちの周囲にいる身近な他者は，自分の知らない自分の存在に気づかせてくれる。思春期前期のギャングエイジ。仲間たちと秘密基地を作ったり，自分たちだけの約束事を決めたりする。そんな集団での遊びの中で，社会性が培われ，それぞれの個性が磨かれていく。思春期中期からのチャムシップ。少数の親密な友人との親密なかかわりの中で，互いに自分を深く理解していく。そうした人間関係は，自分を知るという困難な課題には欠かせないものなのである。

5 ｜ 評価のまなざしから逃れて

　高校時代，定期試験の成績一覧が100位まで貼り出されていた。1学年500人ほどの生徒がいた高校である。名簿に名前を見つけて，励みになったこともあった。名前がなくて，ちょっとだけ悔しい思いをしたこともあった。

　成績一覧は，自分の位置を示している。ただそれだけである。それ以上でも，それ以下でもない。成績が生徒の人格を評価するわけではない。個性を競うためのものでもない。ただの情報に過ぎないのだ。

　だが，生徒たちは成績一覧を見て，同級生や教師の視線を確かに意識していた。他者のまなざしが自分をどう見ているのかを気

に病んでいたのだ。私が掲示を見て，一喜一憂したように。

　今，このように成績一覧を貼り出す学校は見当たらないかもしれない。それでも，個々の生徒の心の中には，他者の視線は意識されていることだろう。成績が貼り出されなければ，自分の位置を知っているのは，自分ただ一人だけである。そこには実在の他者はいない。自分の心の中に内在化された他者のまなざしがあるだけだ。実在の他者がいない分，その評価的なまなざしは，鋭く生徒の心を突き刺すに違いない。

　学校に通う若者にとって，自分の中で学業成績が占める割合はそれなりに大きい。だが，それだけをモノサシにして，優劣を競うことほど愚かなことはない。学校の成績は大切かもしれないが，それで人生の全てが決まるというものでもない。成績以外にも，人間の個性を測るモノサシや基準はあるのだから。評価的なまなざしから逃れて，それから自由になる。それは容易なことではないが，私たちが人生を歩む上で忘れてはならない大事な視点なのである。

3　自信を持つ

1│多様性を認める

　千田夏光が書いた『女子高生は菫色』というノンフィクションがある（千田, 1985）。1980年代の女子高校生の行動の荒れについて，丹念な聴きとりをもとに書き表した作品だ。女子高校生の心に寄り添うような内容が印象的である。

　辞書を引くと，菫色とは濃い紫色のことである。だが，野に咲

く菫の花には，紫だけでなく，白も青も黄色もある。菫の花の色は，本来はさまざまなのである。十把一絡げに見られがちな女子高生も，一人ひとりが異なっている。そういうメッセージが，このタイトルには込められているのだ。

　人間もまた同じである。人間とは，人種も年齢も国籍もさまざまな一人ひとりの集合体である。それぞれが違う顔を持った個性として，この地球上に暮らしている。誰一人として，同じ人間はいない。若者もまた同じである。若者たちは，それぞれが違った顔を持ち，それぞれの持ち場で生活を営んでいる。誰一人として，同じ若者はいない。

　ところが世間の人々は，若者たちを一括りにしてとらえがちだ。「近頃の若者は〜がなっていない」「昔は〜だったのに，今の若者ときたら……」。若者たちへの批判は，ちょっとしたことから沸き起こる。若者を一つの世代に属するものとして見るや否や，一人ひとりの若者が持っている独自性や個性は消え去ってしまう。均質で等質な若者一般として語られてしまうことになるのだ。

　本来，若者は多様である。30人の生徒が着席すれば，クラスに一つの模様が出来上がる。席替えによって，隣同士だけでなく，クラス全体の席が変わる。席替えごとに。その都度違った模様が浮かび上がってくるのだ。多様性とは，そういった人と人が織りなす調和とバランスである。多様性を認める。そのことで，一人ひとりの存在が確実なものとして全体の中に位置づけられるのである。

2 | 違っていてもよい

　金子みすゞは，大正末期から昭和初期にかけて活躍した童謡詩

人である。彼女の詩に，次のようなものがある（金子，1984）。

　　わたしと小鳥とすずと
　　　　金子みすゞ

　　わたしが両手をひろげても，
　　お空はちっともとべないが，
　　とべる小鳥はわたしのように，
　　地面（じべた）をはやくは走れない。

　　わたしがからだをゆすっても，
　　きれいな音はでないけど，
　　あの鳴るすずはわたしのように
　　たくさんのうたは知らないよ。

　　すずと，小鳥と，それからわたし，
　　みんなちがって，みんないい。

　彼女の詩は，鈴と小鳥と私のそれぞれが，独自な個性を持つ存在だと唱っている。だが，それだけではない。鈴と小鳥と私は，それぞれが互いに認め合う存在であるとも唱っているのだ。鈴と小鳥と私は，それぞれがお互いに他のものとは取り替えられない。この世の中で唯一のものなのである。
　大勢の人間が集まれば，人々の間には違いが見出される。小さな違いも大きな違いも，当然ある。その違いを認めるだけでは十分ではない。互いの違いを尊重するのも大事なのだ。互いが互い

に敬意を払って接していく。それが肝心なのだ。そうなれば，他人との違いはマイナスの意味を持たなくなる。違いによって負の烙印を押されるようなこともなくなることだろう。

　自分と他人の違いを恐れない方がよい。不安に思う必要もない。自分と他人の違いに確信を持つのがよい。そこに自分の存在価値があると考えられるからだ。社会は，さまざまな人の集まりから構成されている。どの一人も，それぞれの役割を果たしているのである。それが，その人の個性となるのだ。

3 ｜ コンピテンスを持つ

　日本の労働統計では，15歳以上を労働力人口という。15歳と言えば，中学3年生だ。この年齢になれば，立派に働けると見なされる。現実には，若者の多くが学校に通っている。学校という場所で，大人になるための準備をしている。多数の若者は社会での労働という生産の場からは一歩離れたところにいるのだ。

　労働の本質とは，対象に働きかけ，それを変えて，何か新しく作り出すことである。工場の中で，固い金属は形を整えられて，スプーンになる。私たちは，それを使って食事をする。赤ちゃんも，手づかみで食べ始め，次第にスプーンを使いこなしていく。赤ちゃんは，スプーンに込められた人間的な力を自分のものとするのである。労働によって作り出されたスプーンという道具を使い，今度は赤ちゃんが対象に働きかけるのだ。労働とその成果としての道具との間には，こうした循環関係が存在している。

　労働とは働くことだ。それによって獲得されるのは，勤勉性である。これは，人が勤勉に働くようになることではない。働きづめに働くということでもない。

勤勉性を意味する英語は，インダストリ（industry）である。その単語の原義には，「中に築くこと」という意味が含まれている。子どもは，遊びの中で道具や技能を使い，物を作り出す。それが働くことの原型である。公園の砂場で遊んでいる子どもを思い浮かべてみよう。彼らは，シャベルやバケツに汲んだ水を使って，砂山を作ろうと懸命に努力する。何人かで協力することもあるだろう。何時間かの後，小さな砂山ができる。そこにはトンネルも掘られているかもしれない。出来上がった砂山は，彼らの労働の立派な成果である。それがたとえ翌日には壊れてしまうような儚（はかな）いものであったとしても，だ。

　砂山は消え去っても，彼らの心の中には何かが残り続ける。子どもの心の内側に作られるものが大切なのだ。「自分たちが，自分たちだけで作った」という満足感。「自分が何かを作り出せる存在だ」という自信。自分が主体となって，周囲の世界に何かを作り出したという感覚。このような自分が有能であるという感覚がコンピテンス（competence）である。コンピテンスは，私たちが生きる上で大きな力となるのである。

4｜こだわること

　小学生の頃，夏と言えばセミ取りだった。来る日も来る日もセミを追いかけた。中学生になると，クラリネットを吹き始めた。転校で吹奏楽部を辞めてからは，家でリコーダーを吹くようになった。高校生になっても，それは続いた。

　今では，セミ取りをすることもない。クラリネットやリコーダーを手にすることもない。あんなに熱中したのが嘘のようだ。そうしたマイブームは遠い過去のことである。

このように何かにこだわり続けた経験を、誰もが持っているに違いない。毎日のように同じことを繰り返すということである。納得できるまでやってみる。こだわりの基本は、こんなところにある。

　こだわりの背後には、自分でも意識していない価値観のようなものが存在する。だから持続して取り組めるのだ。あと一つ、もう少しだけ。こだわりの対象が何であれ、自分が納得いくまで、やってみようとするのだ。砂山作りも、セミ取りも、楽器の演奏も、その点では同じである。

　こだわりとは、自分の注意を一点に集中し、全力で取り組むことだ。自分に妥協しないで、とことん追求してみることだ。その中で、ちょっとしたことが気になったりする。そんな気持ちも、こだわっているからこそ生じるものなのだ。

　一つのことに継続して取り組む経験は貴重である。止めて時間が経てば、技術は忘れ去られてしまうかもしれない。だが、私たちの心の中に残り続けるものがある。小さな差異も見逃さず、自分の注意を集中して取り組むという経験は何物にも替え難い。今という瞬間に、自分の全精力を注ぎ込んだ経験は、生きるエネルギーを作り出す。一つへのこだわりは全てに通じるものなのである。

5｜かけがえのない自分

　現在、地球上には、約68億人もの人間が暮らしている。その中に、同じ人間は一人もいない。

　自分に似ている人は、確かにいる。他人のそら似だ。有名人のそっくりさんで、それを売りにする人もいる。この世の中には、

自分と似た人が7人いると言われたりもする。だが，自分は自分であり，他の誰でもない。一人ひとりが個性であり，生まれて以降の独自の歴史を歩んでいく。誰もが，ただ一人の存在なのである。

　私たちは，乳児期，幼児期，児童期，青年期，成人期，老年期と人生を歩んでいく。そうした発達段階を，英語では developmental stage（発達のステージ）と言う。それぞれの発達段階は，人生の舞台（ステージ）にも喩えられる。シェークスピアも，人間を人生の舞台に立って演じる俳優になぞらえた（シェークスピア，1981）。

　演劇の舞台には主役もいれば脇役もいる。大勢の登場人物によって，劇は構成される。主役が病気になれば，代役を立てることができる。ロングランで俳優が替わっていったりもする。その演劇の舞台を見るのは，観客だ。

　では，人生の舞台ではどうだろうか。演劇と同じように，そこには大勢の登場人物が登場する。それぞれがいろいろな役を演じている。それは同じだが，違う点が一つある。人生の舞台には，観客席がないことだ。全員が舞台上にいるのだ。舞台を眺める視点は，舞台上にしかないのである。複数の人物の視点は互いに交叉し，ときには葛藤やズレが生まれることになる。

　人生の舞台では，一人ひとりが主役である。人生の舞台には代役はいない。一人ひとりが主人公である。舞台の幕が下りるまで，一生演じ続けていく。そこでは，さまざまな役に挑戦していくこととなる。自分とはかけがえのない存在なのである。

第2節 人に頼る

　日曜日の午後遅くのことだった。夕食の準備に，鬼皮のついたタマネギを半分に切ろうとしていた。「あっ」と思った。その瞬間には，もうすでに手遅れだった。左手の人差し指を切ってしまったのだ。みるみる間に，爪が赤く染まっていく。ティッシュで傷口を押さえ，近くにあった紐で急いで止血した。出血は止まったように見えた。だが，紐を緩めると，すぐに血が滲んでくる。また紐で縛るしかない。そのうち止まるだろうと，高をくくっていたが，案外と傷口が深かったようだ。1時間ほどしても，事態は変わらない。自分一人ではどうにもならない。誰かに助けを求めるしかないと思い始めた。

　これは私が，ベルギーのルーヴァンに単身で留学していたときの話である。古い修道院を改造したべゲーノフという大学宿舎で暮らしていた。隣の建物には日本人家族が住んでいた。日曜日で留守かもしれないと不安に思いながら，その建物のベルを鳴らした。Tさんが出てきてくれた。彼に連れられて救急病院に行き，二針縫ってもらった。大事には至らず，ホッとした。地獄に仏とは，こういうことを言うのだ。

　外国での一人暮らし。人の優しさとありがたさをつくづくと感じた出来事だった。

1　人との関係

1｜向こう三軒両隣

　私は今までに11回引っ越しをしたことがある。高校生までに3回，大学生になってから4回，結婚してから4回。それなりに引っ越しを経験した方だろう。

　引っ越しは，それまで住んでいた場所を離れて，新たな場所に移ることである。引っ越しには別れと出会いがつきものだ。心機一転という気持ちになるかもしれない。住み慣れた場所にいつまでも未練を持ち続けることもあるかもしれない。引っ越し先に早く馴染むこと。新しい生活を順調に送ること。引っ越しで大切なのは，そういうことだ。

　引っ越しをすると，隣近所に挨拶をして回る。それは新しい場所に慣れるための術でもある。自分の家の両隣と通りを隔てた向こう側の3軒。それが地域で一番身近なコミュニティになる。だから，向こう三軒両隣を訪ねて，挨拶を交わすのだ。

　地域に慣れるだけでは十分ではない。新しい学校に早く親しむことも大切だ。私は小学6年生と中学3年生の二度，転校を経験した。自分では引っ越したくなかったが，親の転勤ではやむを得なかった。引っ越しは，子どもの意思とはかかわりなく，突然に起きる。子どもはこんなふうに，慣れ親しんだ人との別れと新しい人々との出会いを体験させられることになるのだ。

　大学生になった私は，家を出て大学の寮や下宿で暮らした。そのときの引っ越しは，自分の意思で決めたものだ。寝に帰るだけの生活では，地域の人々とのかかわりはほとんどなかった。大学

という場に，自分の居場所と大切な人間関係を見つけていたのだった。

私たちは，地域や学校や会社で，人とのかかわりを持ちながら生きていく。いくつかの異なる場で，さまざまな人間関係が作り上げられていく。それは，私たちの気持ちを安定させる役割を果たしている。ときには引っ越して，人間関係を新たに作り直しながら，私たちは生きていくのである。

2 | 人は一人では生きていけない

私が大学生のときに引っ越したのは，自分一人で暮らしてみたいと思ったからだ。お金の問題もあって，まず大学の寮に入った。4人一部屋で，一人暮らしとは言えなかった。それでも家から離れて，ちょっとした解放感を感じたものだ。下宿生活もしたが，隣の部屋には同級生がいた。ここでも純粋な一人暮らしではなかった。

若者の夢の一つは，一人暮らしをすることだろう。自分だけの部屋に住み，自分の好きな家具を揃え，自分の思い通りに模様替えする。それは楽しいことだろう。でも，一人暮らしでは，家に帰ったときに，そこには誰もいない。それは悲しいことでもある。最初の下宿は3畳一間だった。下宿に戻り，蛍光灯の紐を引っ張る。すると部屋が明るくなる。狭い部屋の中には自分一人しかいない。その瞬間が，一番寂しさを感じるときだった。

そうやって一人暮らしをしていると，自分も自立したと思ったりしたものだ。まだ若いくせに，自分が何でも一人でできるような気になってきたものだ。だが，自立したというのは本当だろうか。一人暮らしは，一人で生きているということなのだろうか。

無人島で自給自足のサバイバル生活を送っているとしよう。衣食住の全てを独力でやらねばならない。文字通り，自立した生活だ。でも今の社会での一人暮らしは，それとは違う。食べ物，着る物，住まい。それらの全てを，自分以外の誰かのお世話になっている。たとえば夕食を自炊したとする。食材も，調理道具も，自分以外の誰かが育てたり，製造したりしたものだ。何一つ，自分一人で自力で一から作り上げたものではないのだ。私たちはさまざまな商品を買って，それを利用して暮らしている。その商品の陰には，大勢の人の姿が隠されているのである。

　このように私たちの暮らしは，自分以外の人によって支えられている。一人だけで生きていると感じたとしても，人は一人では生きていけないのである。私たちは，自立しているように見えても，他人に依存しながら毎日を送っているのだ。

3 ｜ 愛されている自分

　大学の構内で，ブラインドウォークをしている学生たちを見かけることがある。何かの授業の実習体験なのだろう。一人が目隠しをして，もう一人が手を貸してリードしている。目隠しされた学生は，たいていは腰が引けて，おっかなびっくり歩いている。いつもとは全く違う条件だから，当たり前だ。

　しばらくすると，だんだんと慣れてくるようだ。相手のリードに従って，少しずつ歩を進めるようになる。歩幅も広くなる。腰も伸びる。お互いの気持ちも，どんどん通じ合ってくる。障害物をよけたり，段差を越えるのもだんだんとうまくなる。

　目隠しされた学生は，相手に自分の身を任せている。任せるという言葉は，英語ではentrustという。自分の身を相手に任せる

には，自分の気持ちが重要だ。それは，相手を信頼する（trust）という気持ちがあってこそ可能になるのである。相手に不安を持ったり，相手を疑ったりしては，前には足を踏み出せない。相手を信頼し，相手に自分を委ねることで初めて歩んでいけるのである。

　私たちは，ブライドウォークを通じて，相手への信頼の大切さを感じ取ることができる。元々，そうした信頼感は乳児期に養われていくものである。乳児が周囲にいる大人から適切で十分な養育を受けることで，基本的信頼感が作られていく。図1-3のように，基本的信頼感と対になるのは不信である。両者は常にせめぎ合っている。児童精神科医のエリクソンは，基本的信頼感が勝ると，希望という人格的な力が獲得されていくと，述べている（エリクソン，1989）。

　ここで言う信頼とは，他者に対する信頼の感情だけを指すのではないか

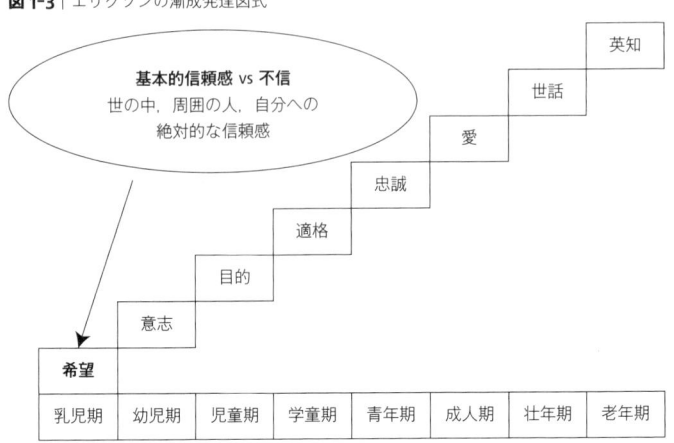

図1-3 ｜ エリクソンの漸成発達図式

はない。それは他者を介して，自分にも返ってくる。信頼とは，自分への信頼でもある。自分がこの世の中に存在することへの信頼の感情なのである。自分を愛し，他人を愛し，他人から自分が愛されているという気持ち。それらの全てが組み合わさって信頼感を形作る。こうした信頼感があってこそ，私たちは未来に向かって生きていけるのである。

4 | 一体化していても生きていけない

　自立とは，自分で立つことである。それまでには，ずいぶんと時間がかかる。生まれてしばらくは，私たちは自分の身体を思うように動かすことさえできない。5-6カ月ぐらいで，寝返りできるようになる。8-10カ月ぐらいで，ハイハイできるようになる。よちよち歩きは，1歳ぐらいになってからだ。私たちは，こんなふうに時間をかけて，少しずつ人間としての道のりを歩み始めていく。その間，赤ちゃんは周囲の大人の世話を全面的に受けながら育つ。その中で基本的信頼感が培われる。それを土台にして，私たちは周りの人たちとの関係を築いていくのである。

　よちよち歩きから始まる自立の道は，その後もずっと続く。大人には，子どもや若者はいつまでも頼りなく，未熟に見えるものだ。ときには，手をかけすぎることもある。年齢相応に扱わないこともある。過保護になったり，過干渉になったりもする。そうしたことを払いのけながら，私たちは一人前の人間として自立していく。そこでは，身近な大人である親から心理的に自立することが求められるのである。

　親は，生まれてきた未熟な子どもを包み込むようにして育てる。あるときには，自分の分身のように感じることがあるかもし

れない。たとえそう感じたとしても，親と子どもは異なる人格である。いつまでも一つであり続けることはできない。親と子は，いつかは別れていかなければならないのである。

　私も，小学生までは，家に戻ってから学校での出来事をいろいろと母に話していた。中学校に入った頃に，自分の背が母親の背を超えた。その頃から，学校でのことをだんだんと話さなくなっていった。親には見えない世界を持ったのだ。それは小さな秘密かもしれない。たとえそうだったとしても，自分だけの秘密の世界を持つことで，自立への次のステップを踏み出すことができたのである。

5｜道を尋ねる

　初めて旅行で訪れた街で道に迷った経験は，誰しも一度や二度はあるだろう。ガイドブックの地図を見ても，わからない。そんなときには，意を決して，通りがかりの人に尋ねるしかない。たとえ一人目でダメだったとしても，何人かに聞けば何とかなることもある。人の親切を感じるのは，そんなときだ。

　知らないことを誰かに聞く。こんな至極当然のことを，私たちは日常的にごく普通にやっている。知らないことは恥ずかしいことではない。知ろうとしない態度こそ，恥ずべきことであると思う。

　子どもから大人になる発達の過程で，私たちは自分が知らないことにたくさん出会う。自分で調べて，確認できることもあるだろう。それはそれでよい。でも，それでもわからないとしたら，どうだろうか。不明を不明のまま終わらせないためには，誰かに聞くしか方法は残されていない。

同じ聞くなら，頼りがいのある人に聞くのが一番だ。人生の道案内をしてくれる先達は，何にもましてありがたい存在である。そういう人をメンターという。

　ギリシャ神話に出てくるオデュッセウスはトロイ戦争に出陣した。そのとき彼は，自分の子どもをメントールに託したという。メントールは優れた指導者だったからだ。メンターという言葉の意味は，ここに由来している。

　メンターとは，信頼できる相談相手のことである。メンターとは，優れた助言や指導をしてくれる人なのである。自分の身の回りにいるメンターは，私たちの人生の道先を照らす役割を果たしてくれる。そんな人々と多く出会うことも，人生には不可欠だろう。そういう人々とのかかわりの中で，私たちは安心して生きていくことができるのである。

2　関係の網の目

1 ｜ 網の目

　ウェブはよく使われる言葉だ。ウェブ（web）とは，元々，クモの巣や網のことを指している。現代はインターネット社会であると言われる。そこでは，人と人との間は，ネット回線でつながれている。その回線は，クモの巣のよう張り巡らされているのだ。

　私が100人にメールを同時送信すれば，100本の糸で彼らと結ばれる。放射線状に伸びた糸は，届いた先から，再び放射線状に伸びていく。無数の糸が，瞬時に発せられていく。それらの糸は互いに絡み合っていく。こうして，人と人とを結びつける人間関

係の網の目が作り上げられていくのである。

　ネット社会では、個々人が匿名化され、悪意のある中傷や陰湿ないじめが飛び交ったりする。その結果、罪のない若者や子どもが、心に大きな痛手を受けたりする。ネット社会の網の目は、こうした負の人間関係を生み出す危険性を持っている。

　他方で、ネット社会の網の目は、物理的空間の壁を取り崩す。地球の裏側に暮らす人とも容易につながることができる。知らぬ土地のまだ見ぬ人との関係を作り上げることもできるのである。

　こうしたヴァーチャルな網の目は、直接は目には見えない。それゆえ、プラスとマイナスの面を持つ。一方、日常の人間関係はどうだろうか。そこでは、人と人とが面と向かい合う。互いに手と手をつなげば、相手の手の温もりが伝わってくる。直接手を握り合うことで、手の厚みやゴツゴツ感や柔らかさ、大きさを感じるのだ。

　私たちは、今を生きている。人と人が会って挨拶し、話をする。古くからあるそうしたつながりだけでなく、ネットを通したつながりも大切なものになっている。そうした二つの網の目の中で、人と人との絆はより強固なものになっていくのである。

2 │ 私と私たち

　運動会の競技の一つに、二人三脚がある。自分の左足と相方の右足を縛り、二人で走っていく。案外易しそうで、意外と難しい。コツは、互いの息を合わせることだ。たいていは、「イチ、ニ、イチ、ニ」と、掛け声をかけながら走る。息が合わないと、バランスを崩して倒れてしまったりする。

　二人三脚の目標はゴールに着くことだ。できれば早い順位の方

がいい。その目標は，私のものでもあり，私と相方の二人のものでもある。私の目標でもあり，私たちの目標でもあるのだ。

　希望を研究した心理学者であるシュナイダーは，そんな関係を次のような図1-4に表している（Snyder, 1994）。上がWe（私たち），下がMe（私）である。両者は真ん中の直線を挟んで，線対称になっている。折りたためば二つはぴったりと重なる。私の目標は，私たちの目標ということなのである。

　徒競走で1位になるのは，嬉しいことだ。二人三脚で1位になった方が，もっと嬉しく感じることがあるのはなぜだろうか。それは，二人が力を合わせた結果，得られたものだからだろう。私たちの目標の達成は，私の喜びを2倍にも3倍にもしてくれる。私の喜びとあなたの喜びが相乗的に高まっていくのである。

　若者は自分の目標達成を喜ぶ。それだけではない。若者の目標達成を，我がことのように喜んでくれる人もいるのだ。親や教師や友人。若者の周囲には，そうした信頼できる他者が大勢いる。

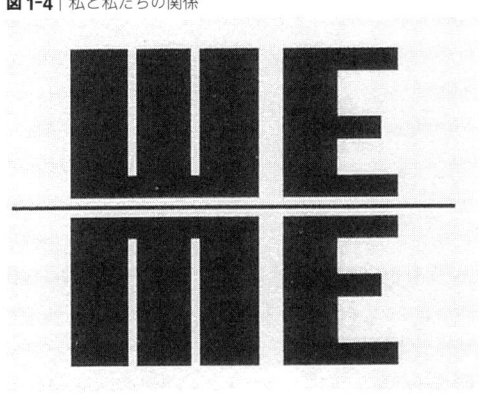

図 1-4 ｜ 私と私たちの関係

彼らは，若者が目標を達成した喜びを，自分の喜びとして感じてくれるのだ。ここでもまた，私の目標は私たちの目標である。私の喜びは，私たちの喜びなのである。

3 ｜ 人との絆

　私たちは，大勢の人とかかわりを持ちながら，日々の暮らしを営んでいる。直接の知り合いもいれば，物事の背後に潜んでいる見ず知らずの人もいる。私たちの日常には，たくさんの人とのつながりがある。その中で，実際に会って話すような関係は重要だ。会って話せば，さまざまな発見がある。ネット上の同好の士も，ときどき集まってはオフ会を開く。互いに顔を合わせることの大切さを知っているからに違いない。

　会って話すということは，「同じ釜の飯を食う」ことに近い。場所と体験を共有することで，互いへの親しみが増す。生身の関係は，何にも代え難いものを持っている。そうやって，私たちは人間関係の網の目を広げていくのである。

　このようにして人と会ったとき，私たちは相手に挨拶する。面と向かい，顔を見る。顔を見て，言葉を交わす。こうして，お互いの結びつきを肌身で感じる。絆が強く結ばれるのだ。そのときは，自分には相手しか見えていない。相手には自分しか見えていない。このままでは，その場にただ立っているだけで一歩も進まない。

　二人で歩き出すには，どうしたらよいのだろうか。それには同じ方向を向く必要がある。二人が向かう先には，彼らが目指す目標がある。それに向かって，進んでいくのだ。語り合いながら，互いの歩調を揃えて，二人は同じ方向に向かっていく。若者たち

は強い絆で結ばれている。自分たちで選択し，決定した方向へと向かっていくのである。

4 | コンステレーション

今日は日曜日。友だちを部屋に呼んで，食事をする場面を思い浮かべてほしい。あなたは，新しい大きな座卓を買ったばかりだ。そのお披露目を兼ねて，3人の友だちに声をかけた。約束の時間になり，友だちがやって来る。彼らは，思い思いの場所に座る。互いの席は，横，向こう側，近く，遠くとさまざまだ。

そのとき4人が座っている席を，線で結んでみることにしよう。4つのパターンを示したのが図1-5だ。正方形，長方形，菱形，平行四辺形である。これ以外にも，いろいろな形がありうる。これはあくまでも理論的に考えた場合だ。平行四辺形の形は不自然だろう。もしそんなふうに座ったら，お互いなんとなくギクシャクして，気まずい雰囲気になりそうだ。

同じ座卓を囲んでも，座り方はこんなにも違う。いろいろな可能性がありうるのだ。ここでの座り方は，4人の間の全体的な関係を表している。相互の関係がちょっと変わるだけで，全体の構造が異なってくるのである。

このような全体構造を，コンステレーション（constellation）という。日本語では，布置と訳される。あまり聞き慣れない言葉だが，星座の形などを言うときにも使われる。

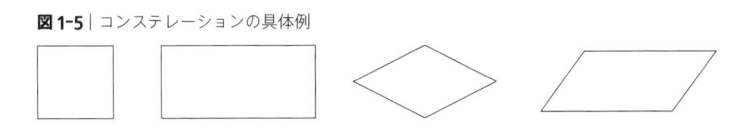

図1-5 | コンステレーションの具体例

図 1-6 | コンステレーションの変化

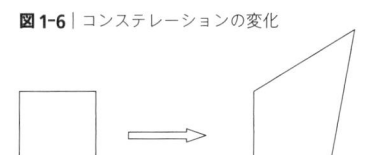

座卓を囲んで座っていた一人が、ちょっと離れた場所に移ったとしよう。そうすると、コンステレーションは、図1-6のように、大きく歪んだ四角形になる。一人がちょっと疎遠な感じになれば、4人という集団のありようも変化する。全体構造自体にも根本的な影響を及ぼすことになるのである。

とかく人間関係は、二者間の関係としてとらえられがちである。人間関係をコンステレーションとして見ることも、あるときには重要である。そこに集う人々の相互関係から全体構造が明らかになるからだ。自分自身の人間関係のコンステレーションについて、理解を深めることも大事なのである。

5 │ 居場所がある

昼どきの大学の食堂は、いつも大にぎわいだ。授業を終えてホッとした顔。腹ぺこでグタッとした顔。いろいろな学生がどっとやって来る。サークルやクラスの友人が集まって、一つのテーブルを囲む。食事をしながら、話が盛り上がっているようだ。

私たちは、人間関係の網の目の中で生きている。生身の人とのかかわりには、場所というファクターが欠かせない。私たちは、ある特定の場所において、人とかかわるのである。その場所にともに集い、その場所でともに活動するのだ。

若者にとって、そこは仲間が集まる場所であり、居心地のよい空間である。そうした場所のことを居場所という。サークルやクラスという同じところに所属している友人とは、一体感や連帯感

を抱きやすい。会えば会うほど，人は人と仲良くなるのである。

　人とのかかわりは，誰と，どこで，何をするかの三つがいつもセットになっている。自分が安心でき，ホッとできる場所は，若者にとっての居場所となる。

　そうした居場所は，学校の中だけに限らない。趣味の活動やアルバイトでも，人と出会う可能性がある。そこが居場所となることがある。

　家も大切な居場所である。家族との団らんが安心感の源になることもある。家族を愛し，家族から愛されることが生きるエネルギーを生み出すからだ。

　自分の部屋も，ときには大事な居場所となるかもしれない。自分に向き合い，深く思索する体験が，多くの気づきを与えてくれるからだ。

　このように居場所は重層的に存在する。そこは若者にとって，心の落ち着ける場所である。居場所は，生きる上でのセーフティネットとしても働くのである。

3　ともに生きる

1｜二人の間のコミュニケーション

　近頃流行の言葉の一つに，コミュニケーション能力がある。企業が学生に第1に求めるのも，コミュニケーション能力だ。

　コミュニケーション（communication）とは，人が互いに意思や感情，思考を伝え合うことである。それは二つの方向からなる。一つは，自分の意思や感情，思考を相手に伝えることだ。もう一つ

は，相手の意思や感情，思考を受け止めることだ。コミュニケーションは，自分と相手の相互の関係を取り結ぶものなのである。

　コミュニケーション能力とは，難しいものではない。自分の気持ちを正確に相手に伝える。相手の気持ちを正確に理解する。コミュニケーション能力の基本は，ただそれだけだ。話すことと聞くことである。

　このように，コミュニケーションとはごく単純なことである。だが，実際には互いに伝え合うのは難しいことだ。二人でデートしている場面を想像してみよう。昼近くになり，お腹もちょっと減ってきた。昼食にしようということを，どんなふうに切り出せばいいだろうか。「お昼にしようか？」「お昼食べたくなってきたなあ」「お昼食べたくない？」……。自分の意思を相手に伝えるには，いろいろな表現の仕方がある。どれが正しいという正解はない。それを一言口に出すだけでも，結構気を遣ったりもする。話すことと聞くこととの間に，二人の意図が飛び交う。あるときには一致し，あるときにはズレる。コミュニケーションとは，そうした互いの心の動きを調整し合う営みでもあるのだ。

　コミュニケーションの接頭語comは，「ともに」を意味する。地域共同体（コミュニティcommunity）も同じジャンルに属している言葉だ。ともに生きる人々の集まりのことである。コミュニケーションによって，自分と相手が何かを共有する。同じ仲間だという意識を持ち合う。自分と相手の関係の深まりが，互いを支え，励まし合うのだ。

2 ｜ 響き合う関係

　困っているときに，助けてくれる人がいる。それはとても心強

いことだ。悩んでいるときに、気持ちを察してくれる人がいる。それはとても安心できることだ。打てば響くような人とのつながりは、何よりもの支えとなる。

その逆もある。困っている人に、助けの手を出す。悩んでいる人の気持ちを受け止める。そうやって、相手に向かってきちんと応答する。それが相手の支えとなっていくのだ。

応答を英語で言うと、レスポンス（response）である。亀レスは、亀の歩みのように遅いレスポンスの省略形。それでは相手に自分の心は伝わらない。相手への応答は、しっかりとしていなければならない。何よりも責任（レスポンシビリティ responsibility）を持った応答でなければならないのである。

相手への応答は、相手への責任を伴う。相手の気持ちに寄り添った応答が求められる。それにはコミュニケーション能力が欠かせない。自分勝手の思いこみや全くの勘違いでは、相手の気持ちに応えたことにならない。ときには、そっとしておくことも大事だろう。ときには、待つことも大事だろう。相手の様子と状況をよくよく見ながら、何をすべきか考える。それはそれで難しいことなのだ。

それはジャズセッションの即興のようなものかもしれない。ギター、ドラム、サックス、トランペット。それぞれの個性が響き合って、その場で一つの音楽を奏でていく。私たちは、そうした響き合う関係を日々作り出しながら生きているのだといえる。

3 | 人間関係を組み替える

映画『スタンド・バイ・ミー』は、思春期の男子4人の物語だ。彼らは小さな田舎町に住んでいる。平凡な毎日は退屈だ。そ

れぞれの家庭には，ちょっとした問題がある。憂鬱な思いも感じている。彼らの仲間意識は強い。あるとき，列車にはねられた死体が放置されているとの噂を耳にする。4人は連れだって，その死体を探しに出かけていく。それが彼らの冒険旅行の始まりだった。

『スタンド・バイ・ミー』に出てくる4人は，ギャングエイジの典型だ。自分たちで決めた約束を守り，仲間を何よりも大切に思う。その人間関係は極めて濃厚だ。そうした小さな社会の中で，私たちはさまざまなことを学んでいく。だが，そうした関係は長くは続かない。彼らはいつか大人になっていく。いつかは町を出て行くのだ。そこには別れと新しい出会いがある。

私たちは人生のさまざまな段階で，住み慣れた場所や学校を離れて，新しい場所や学校へと移っていくことがある。そうした経験を何度か繰り返して，私たちは大人になっていく。新しい場所や学校では，今までとは違った人々との新たな関係を作っていくことになるのだ。そこに居心地のよさを感じれば，そこが居場所となる。私たちは，そうした環境移行のたびに，自分の人間関係を組み替えていくのである。

そこにいるのが誰なのか，前もって知ることはできない。そこにいる人々は，それぞれが自分の意志で集まってきた人々だ。そうした人々の集まりの中で，私たちは生きていくのである。

4 ｜ 人と人との連なり

私たちは，生まれるときは一人。死ぬときも一人だ。だが，生きている間は，多くの人とのかかわりを持ちながら暮らしていく。それが互いを支え合う力となる。

中でも，友だちの存在は大切だ。友だちの友だちは友だちだと言われる。そう考えていくと，この世の中にいる全ての人が，みんな私の友だちだといえるかもしれない。では，私たちは，どのようにして人と友だちになるのだろうか。

　私たち一人ひとりは個性を持ち，独自の存在を発揮する。誰もが違っていて，一人として同じ人間はいない。だとすれば，友だちになるのは，自分と相手が違っているからだ。互いの違いに引かれ合い，そこで友だちになるのだろう。磁石が引っ付くのは，プラスとマイナスの極だ。プラスとプラスでは，反撥し合って引っ付かない。マイナスとマイナスでも，やはり反撥して引っ付かない。プラスとマイナスという違った二つが出会ったとき，初めて磁石はぴったりと付く。こんなふうに互いの違いを認め合い，私たちは友だちになっていく。

　人が人と友だちになるときに，おそらくそのような心理が働いているのだ。そうやって私たちは友だちを作り，友だちはまた友だちを作る。だから，友だちの友だちは友だちである。この世の中の全ての人は，みんな私の友だちなのだ。

　人と人はこのようにして次第に連なっていく。私とあなたとの出会いが，多くの人との出会いの出発点になるのだ。その連なりの中で，どう新しい友だちが，どんなふうに現れてくるのか。楽しみは尽きない。

5 ｜ 一人で生きる，ともに生きる

　人とのかかわりは，生きていく上で欠かせない。今の社会で，人は一人だけでは生きていけない。何かしらの人間関係が，私たちの暮らしには存在しているのである。自分の目の前にいる人だ

けでなく，物事の背後にも人は隠れている。

　たまには，一人になりたいと思うことがある。一人の時間を持ちたいと思うときがある。若者であれば，それは自然のことだ。自分としっかりと向き合うのも，成長にとっては大切な時間である。

　一人になって孤独を感じるのも，ときにはよい。孤独な自分が誰とつながっているのか。改めて問い直してみるのも大切だからだ。

　孤立は孤独とは違う。孤立した人は，誰との絆も持たない。独りぼっちになっている。人とのつながりが切れてしまっているのだ。ポツンと一人で進む人生は，ただそれだけで寂しい。

　孤独は孤立とは違う。孤独は人を成長させる。孤独に耐える力は，人に頼れる力の裏返しだ。人の力を借りることは，生きる知恵である。人とともに豊かな人生を送る術なのである。人にうまく頼れる。人の力を当てにする。そういうことも，ときには必要なことなのである。

　自立した人間とは，ときに他人を頼って依存できる人である。何でも全てを自分一人でやりきる必要はない。一人でやれないことも，何人かが集まればやっていける。そんなふうに考えるのも，ときには有用なのだ。

　孤独を恐れてはいけない。だが，孤立してはいけない。人とともに生きる喜びを知った若者は，未来を目指して一人でも生きていけるのである。

第 2 章
人生における選択

第1節 岐路に立って悩む

　イギリスのほぼ真ん中に，シェフィールドという街がある。ロンドンから列車で約2時間半。七つの丘があると言われる美しい街だ。私は，かつてそこでホームステイをしたことがある。約1カ月，歩いて5分ほどのシェフィールド大学心理学部へ通う日々を送った。

　私を受け入れてくれた初老の夫妻は，とても親切な人たちだった。夫のロジャーは，週末になるとドライブに連れて行ってくれた。パブでのサッカーのテレビ観戦にも誘ってくれた。妻のパットは，食事や洗濯，掃除など，身の回りのことをあれこれと世話してくれた。

　楽しく充実した日々だったが，一つだけ難点があった。それは朝食のことだった。パットは朝寝坊をする。ロジャーは朝早く仕事に出かける。だから，パットは夜のうちに翌朝の食事を準備しておくのだった。トーストとシリアルが，判で押したようにテーブルに用意されていた。朝起きて，トーストを焼き，シリアルを取り，牛乳と紅茶を飲む。一人だけの決まりきった朝食が続いた。週に二，三度出されるグレープフルーツ。それが唯一のアクセントだった。選べないということのしんどさを，つくづくと感じた日々だった。

1　選ぶことと悩むこと

1 │ 選ぶことにまつわる悩み

　我が家の朝食は，ある日はパン，翌日はご飯だったりする。それなりのバラエティに富んでいる方だろう。昼食は，たいてい大学で食べる。数種類のランチや麺類の中から，適当に決める。肉か魚か。中華か和食か。ラーメンか蕎麦か，うどんか。そのときの気分で，一つを選ぶ。「Aランチのチキンも美味しそう，カレーうどんも美味しそう。それじゃあ，今日の昼は両方食べよう」，ということにはならない。昼食には，どちらか一つ食べれば十分だ。

　そんなとき，どちらを選べばいいのか，ちょっとだけ悩むことがある。「昨日の昼は蕎麦だったから，今日はAランチにしよう」と結論を出す。そんなふうにして，小さな悩みは解決し，お腹も満たされる。

　洋服を買うときにも，同じようなことが起きる。Yシャツにするか，ポロシャツにするか。売り場を見ている間に，目移りしたりする。Yシャツに決めたとして，色や柄をどうするか。これがいいか，あれがいいか。財布とも相談しながら，一つを選ぶ。最終的に決まるまで，悩みは続く。レジでお金を払うときに，心が揺れたりすることもある。家に戻ってから，後悔することもある。

　こんなふうに，私たちの日常生活は，たくさんの選択場面で溢れている。朝起きてから，夜寝るまで，毎日毎日，私たちはいろいろなことを選んでいく。生活の全てが，選ぶことから始まると

言ってもいいかもしれない。

そうした悩みは，人間ならではのことである。人間は他の多くの動物とは異なる。私たちは本能から解き放たれて，自由を得た。たとえば，何を食べ，何を着るか。基本的には自由だ。人それぞれの好みもある。ウィークデーは背広にネクタイのサラリーマンも，週末になれば思い思いの格好で過ごす。制服が決まっている高校生も，事情は同じだ。

選ぶということは，選ぶ自由があるということである。選ぶのは他ならぬこの自分である。選ぶプロセスには，大なり小なり悩みが付きまとうものなのである。

2 | キャリアを選ぶ悩み

私たちの人生にも，さまざまな選択場面が用意されている。典型的なのは，学校だろう。

義務教育の小学校・中学校時代を，公立学校で過ごしたとしよう。高校に行くためには，たいていは入試を受けることになる。学校の成績や自分の興味をもとに，どの学校がいいかを選ぶ。昼食とは違って，二つ以上の高校を受験できる。運良く，複数の学校に合格することもあるだろう。そのとき，進学できる学校は一つだけだ。最終的には，入学する高校を一つに決めないといけない。

高校卒業のときにも同じことが言える。進学するか，就職するか，再び選択を迫られることになる。

このような進路の選択を，キャリアと言う。キャリア（career）は元々，車の轍（わだち）を意味する。舗装されていないぬかるんだ道を自動車で走ると，タイヤの跡が残る。それが轍だ。人生をどのよう

に進んできたのか、その軌跡を示すのがキャリアである。

　他方で、私たちは、これから先の人生の軌跡を想像することもできる。そうして頭の中に描かれた軌跡も、キャリアの中に含まれる。

　永遠にまっすぐに続く道はない。私たちのキャリアも右に曲がったり、左に曲がったりする。ときには、Uターンして元に戻ったりするかもしれない。そんなふうにハンドルを切るとき、私たちは一瞬考える。それでいいのかと考える。そのとき私たちは自分の行く道を選んでいる。そこに悩みが生まれることになる。

　学校の選択は、人生で重要なことの一つだが、キャリアの選択は、学校だけに限られない。いつ社会に出て、どんな仕事をするのか。いつ結婚するのか、あるいは、一人で過ごす一生を送るのか。労働や家庭生活も、キャリアの大切な部分を構成する。趣味やボランティアなどの地域での活動も、同じように大切だ。

　キャリアには、このようないくつもの異なった領域での活動が含まれている。誕生から死まで、私たちはこうした重層的なキャリアを選択しながら生きているのである。どのようなキャリアを選ぶのか、そこにも悩みがつきものなのである。

3 │ 自分でキャリアを選ばない人

　多くの人は、キャリアを自分で選んでいく。選ぶことができるから、悩むのである。その一方で、周囲にいる人にキャリアを選んでもらって、自分では悩まない人もいる。フォークロージャーと呼ばれる人たちだ。

　マーシャという青年心理学者は、アイデンティティ・ステイタスを四つのタイプに分けた（Marcia, 1966）。その基準は、表2-1に

表2-1 │ マーシャによるアイデンティティ・ステイタスの分類

	危　機	傾　倒
アイデンティティ達成	経験した	している
モラトリアム	経験中	あいまい
アイデンティティ拡散	経験の有無を問わず	していない
フォークロージャー	経験していない	している

示したように危機と傾倒である。危機とは，生き方を決める際に，自分で考え悩んだ経験のことである。傾倒とは，はっきりと打ち込めるものがあることだ。

　第1が，アイデンティティ達成。これは，自分で悩んだり，考えたりして，自分とは何か，これから自分はどう生きるかという確固としたアイデンティティをつかんだ人である。

　第2は，モラトリアム。これは，今まさに，自分のアイデンティティを求めて，悩んでいる最中にいる人である。

　第3が，アイデンティティ拡散。これは，自分のアイデンティティが何かがわからず，根無し草のように漂っているような人である。

　第4が，フォークロージャー。この人たちは，自分がこれからどう生きていくのか，はっきりとした目標を持っている。その点では，アイデンティティ達成地位と変わらない。だが，その目標は彼らが自分で考え，自分で悩んで決めたものではない。その目標は他人から言われるがままであり，それを自分のものとして見なしている点だ。

　たとえば，親子代々医者とか，教師とかの家庭があるとしよう。小さい頃から，大きくなったら医者になること，教師になることを疑いもしない。周囲の意見もそれ以外ない。だからその目

標に向かって邁進する。それがフォークロージャーの一つの姿だ。言わば、「あてがいぶち」の生き方が、フォークロージャーなのである。

　彼らは生き方を自分で選ばない。だから、当然悩みもない。自分で選ぶ手間も省けて、その上に悩まないから、その方が効率的だといえるだろうか。順調に人生を歩んでいっている限り、問題はないと言えるかもしれない。

　もしも、自分の適性や能力に疑問を抱いたり、自分の進路に自信を失ったりしたらどうだろうか。そこには悩みが生まれるはずだ。いずれにせよ、どこかで悩むことになるかもしれないのだ。そのときの悩みは大きくなるかもしれないのだ。

4 │ 自分では選べないもの

　今の時代、自分の生き方を基本的には自分で自由に選べる。両性の同意があれば、自由に結婚できる。親が決めた許嫁（いいなずけ）と結婚しなければならないことは少ないだろう。職業選択の自由もある。親の職業を継ぐかどうかも、自分次第だ。

　その一方で、自分では選べないものがあることも確かだ。

　たとえば、名前はどうだろうか。自分の名前は、誰かがつけたものである。親がつけてくれたかもしれないし、名づけ親がつけたのかもしれない。自分の名前が好きな人もいれば、嫌いな人もいる。嫌いだとしても、その名前を勝手に変えることはできない。一生、自分の名前と付き合っていくしかない。

　では、家族はどうだろうか。ある家庭の長男や次男に生まれる。長女や次女に生まれる。それも自分で選んだことではない。大きくなってから、「お兄ちゃんが欲しかった」、「妹ならよかっ

た」などと思ってみても、しょうがないことだ。小さい頃に、「〇〇ちゃんの家の子どもだったらよかったのに」と思った人もいるかもしれない。それも叶わぬことである。当然のことながら、父親も母親も、自分では選べない。出生家族とは、一生付き合っていくしかないのである。

このように、私たちには選べないものがある。最初から、自分の意思とはかかわりなく与えられていて、選べないものがあるのだ。それを自覚するのも大事なことだろう。その一方で、私たちの人生は、そうした選べないものによって一方的に決定づけられてしまうものでもない。そのことを意識するのも同時に大事である。

私たちには、自分では選べない所与のものがある。それでも、そうしたある意味での制約をものともせず、それを超えていく。それが、人間が他の動物と根本的に異なる生き方なのである。

5 │ 選ぶ情報が多すぎる悩み

選ぶということは、二つ以上の選択肢の中から一つに絞ることである。そこに至るプロセスは多様である。そのプロセスが長ければ長いほど、悩みも深くなる可能性がある。

今の世の中は情報社会と呼ばれる。社会の中には、さまざまな情報が溢れている。本や新聞という活字メディア、テレビなどの映像メディア。さらには、インターネットという新しいメディア。このように、私たちは無限大の情報に囲まれて暮らしていると言ってもよいかもしれない。

今の社会では、一つのことを決めるにも、非常に多くの情報自体を取捨選択することが求められる。

たとえば，大学への進学はどうだろうか。大学について知る媒体には，全国大学一覧のような本が古くからある。それだけではない。今では，各大学がガイドブックを作っている。ホームページにも情報は満載だ。そこには，多種多様の情報が載せられている。そうした類のものを集めてみれば，それ相当の量になるはずだ。あまりに多すぎて，結果的に活用できないというおそれもある。どの情報が有益で，どの情報はそうでないのか。それを見極めるだけでも大変な時間と労力がかかってしまうのである。

　こうした情報の波に溺れてしまわないことが肝心だ。そのために，高校の先生や予備校の先生，あるいは大学で学んでいる先輩の意見を聞いて参考にすることもある。いわゆるセカンドオピニオンというものである。他の人の意見によって，自分の考えの正当性を確認したり，誤りを修正したりする。人生の先達は，それ相応の知恵を持っている。だから頼りにできる。ときには，他人に聞くという工夫も取り入れてみたらよいのである。

2　選ぶという心理

1｜選ぶことは捨てること

　日常生活の些細なことから，人生を左右するような進路の選択まで，私たちは，常日頃さまざまなレベルの選択場面に直面している。自分が自覚する，自覚しないにかかわらず，私たちが生きていくには選ぶという行為が欠かせない。

　先ほどの昼食の例を思い出してほしい。Ａランチのチキンとカレーうどんのどちらか一方を選べば，他の一方は選ばれない。Ａ

ランチを食べるということは、カレーうどんを食べないということである。チキンか、うどんか。うどんか、チキンか。

　これは日常的に繰り返される小さな選択である。それが自分の一生を決めるようなものでも何でもない。たとえそうだとしても、選ぶという行為の背後には、他のこと（可能性）を捨てる行為が必ずついてまわるのである。二者択一ならば、一つが選ばれ、もう一つの可能性が捨てられる。三つの中からの選択ならば、一つが選ばれ、二つの可能性が捨てられることになる。N個の中から一つを選ぶならば、一つが選ばれ、Nマイナス1個の可能性が捨て去られるのである。

　捨てられた可能性の中には、自分でも捨て難いものが混じっているかもしれない。捨てるのが惜しいものが含まれているかもしれない。思い入れが強すぎて、どちらにも決めにくいということもあるだろう。それでも、何かを選ぶためには、それ以外のものを捨てなければならないのだ。断固とした意思を発揮しなければ、選ぶという行為は成り立たないのである。

　逆の側から言えば、何かを捨てなければ、一つも選べないということである。捨てなければならないものに執着していては、いつまでも選べないのだ。

　捨てるとは、目の前から放り投げることである。過去のものとすることだ。選ぶとは、大切なものとして抱えることである。現在のものとすることだ。

　選ぶために捨てる。捨てながら選ぶ。私たちは、そうしたことを日々繰り返しているのである。

2 | 決断できない悩み

　このように，選ぶためには決断が欠かせない。だが，ときには捨て去ってしまうことのできないものがあることも確かである。捨てることは，意外と難しいものなのだ。

　仮面浪人という言葉を聞いたことがあるだろうか。X大学に入学してみたものの，どうしてもY大学に行きたいという気持ちが捨てきれない。大学生でありながら翌年度の入試に向けて受験勉強を続ける。そういう人のことを指す。彼らは，大学生という身分と受験生という身分を二つ持つ。大学生という仮面をつけながら，浪人生活を送っている。だから仮面浪人と呼ばれる。私が教えてきた学生の中にも，そういう人が何人かいた。

　仮面浪人は，自分の進路をすでに一度決定している。X大学に入学した時点のことだ。それでも，その進路選択に満足できない。もう一つのY大学を諦めきれないのだ。だから，大学生と受験生という二つの身分を持ち続ける。そうしながら，次の入学試験のシーズンまで過ごす。最終的な選択は，保留されたままになっている。

　仮面浪人は，翌年のY大学の入試を受験する。その結果は，合格か不合格か。そのいずれか一方だ。それは本人の努力次第でもある。Y大学の入試に合格して，晴れてY大学に入学するかもしれない。不合格の場合には，二つの選択肢がある。Y大学のことはすっぱりと諦めてX大学で勉学を続けるかもしれない。あるいは，翌年Y大学の入試に，三度目のチャレンジをするかもしれない。

　どこまでこうした悩みが続くのか，それはわからない。結果次

第のところもある。それでも、どこかの時点で、最終的な決断を下さなければならなくなる。いつかは自分の希望と現実との間で、折り合いをつけることが求められる。そのときまで、仮面浪人の生活は続くのである。

3 | 多重役割を選ぶ生き方

仮面浪人の生活は、学生とも浪人ともどちらとも言えない。言わば宙ぶらりんの状態にある。それは、まだ選択が完了していないからである。

「二足のわらじを履く」という言葉がある。これは仮面浪人と似ているところがある。二つのことをやっている点だ。ところが両者は似て非なるものである。「二足のわらじを履く」とは、一人の人間が二つのことを同時に成し遂げることを指す。二つのことが両立しているのである。

水原秋櫻子（1892-1981）という俳人は、本業の医者としても活躍したことで知られている。彼は、東京大学の学生だった頃から俳句に親しみ、多くの優れた句を遺した。俳句の文芸性を主張して、高浜虚子に対峙した。

伊能忠敬は、幼少期にはさまざまな苦労を重ねたが、成人してからは持ち前の才能で商人として成功して財をなした。隠居してからは、若い頃からの夢を叶えるべく、日本全国を測量して回って日本地図を作製した。

水原秋櫻子は一度に二つの役割を果たした。伊能忠敬は成人期と老年期の異なる時期に二つの役割を果たした。それぞれ、二足のわらじを履いて人生を歩んだといえるだろう。こうした生き方をする人は、世の中に少なくない。

キャリアというものは，重層的な構造をなしている。それぞれの活動領域で固有の役割を選び，全体として複数の役割をこなす。そういうことも可能なのである。水原秋櫻子も伊能忠敬も，その人生において，複数の役割をこなした人だといえる。このような多重役割を選ぶことは，人間の精神的健康によい影響を与えることがわかっている。いくつもの役割を十全にこなす。そのことが，人間としての豊かさにつながっていくからなのではないだろうか。

4 │ 選ぶという危機

　一つの選択肢を選ぶこと。多重役割を選ぶこと。どちらもなかなか難しい。選ぶという行為には何らかの悩みを伴うのである。悩みの大きさはともあれ，悩むという事実には変わりない。

　シェークスピアの戯曲ハムレットには，次のような有名な台詞がある（シェークスピア，1967）。

　To be, or not to be. That is the question.（生きるべきか，死ぬべきか。それが問題だ。）

　私たちも，選ぶという行為において，ハムレットのように自問自答する。あるときには，自分自身の存在そのものを賭けるようなこともあるかもしれない。

　そう考えてみると，選ぶことはある種の危機と言えるだろう。

　危機は，英語でクライシス（crisis）という。原義を辿っていくと，ギリシャ語の分利を意味するKrisisという単語に行き着く（木村，1986）。

　分利とは，重症の患者がもっと悪くなっていくか，良くなって快方に向かっていくかという分岐点のことである。

医者は，患者の身体の様子を見て，患者が分岐点のどちらに進んでいくのかを見極めようとする。それまで高熱で唸っていた患者も，病気の峠を越えれば，少しずつ治っていくのである。危機という言葉は，最初はこのような身体的な状態を指して使われていた。次第に，人間の内面的な精神状態を指すようになっていったのである。

　人生にはさまざまな分岐点が存在している。その分岐点に差しかかったとき，私たちはどちらの道を進むのかを選択しなければならない。その際の心理的な状態が危機である。危機において，私たちはいくつかの選択肢の中から一つを選ぶことを迫られることになる。ある期日までに決めなければならないことが，大きなプレッシャーとなるかもしれない。他人に相談できないことが，選択の苦しみを増すかもしれない。

　右か，左か。前か，後ろか。選ぶという悩みとともに，人生は続く。

5｜転機を迎える

　危機としての人生の分岐点には，小さなものから大きなものまである。その中でも，一生を左右するような分岐点がある。それを転機という。

　転機とはターニングポイント（turning point）である。転機を迎えて，人生は大きく転回する。転機は，人生にそれほど多くはないが，人生を決定づける重大な出来事なのである。

　その出来事に直面している際には，無我夢中でいることが多いだろう。問題の渦中にいるときには，そうした出来事が転機であったかどうかわからないこともある。後になって振り返ってみた

ときに,「そう言えば,あのときのことが自分の人生を変えた」と気づいたりする。だからと言って,そのときに何も考えていなかったということでもない。転機は私たちに何らかの選択を迫る事態である。転機となるような出来事に直面して,私たちは何かを選んでいるはずである。

とりわけ青年期には,転機となるような出来事が多く訪れる。自伝には,そうした転機が記述されている。私は新聞に載った自伝を分析し,転機の内容を分析した(都筑, 1992)。表 2-2 に示したように,20 代では,人との出会いや芸術との出会いが人生の転機となりやすかった。出会いが人を変えるのだ。

だが,たとえそうだとしても,ただ単純に何かに出会えば,それが転機となるということでもない。それを迎える側に,それを受け入れるだけの準備性が整っている必要があるのだ。そうした準備性がないと,出会いがあっても転機とはならない。出会いを転機として迎え入れるには,それ相応の心理的な成熟が求められるのである。外的な好機は,内的な準備によって,現実化され転

表 2-2 | 人生における転機の内容

	10代	20代	30代	40代以上
人との出会い	0	5	1	2
芸術との出会い	2	2	1	2
自分の病気やケガ	2	1	2	1
思春期・青年期の体験	3	1	0	0
身近な人の死	0	0	2	1
戦争体験	2	1	0	0
その他	1	0	2	2
合計	10	10	8	8

機となるのである。

3　悩みながら選ぶ

1｜猶予期間を有効に過ごす

　モラトリアムは，元々は経済学用語である。支払い猶予期間を指している。モラトリアムとは，商売で支払うべき金銭を一定の間待ってもらうことだったのである。

　それが心理学でも使われるようになった。心理学的には，まだ自分のアイデンティティがしっかりと定まっていないことを言う。自分がこれだと思う生き方や目的を探している途中にいるのである。

　現在，高校進学率は95パーセントを超え，大学進学率も50パーセントを超えている。ユニバーサル化の時代を迎えて，多くの若者が長期間にわたって学校生活を送っている。

　学校という制度の中で，若者たちは社会から一歩離れた場所にいる。そこでは，社会の荒波から直接的影響を受けずに活動することが保障されている。20歳を過ぎて法律的に大人として見なされる。それでも，大学生であれば，まだ自分で働いて金を稼ぐことを求められない。大人になるための猶予が与えられているのである。そこでは，社会に出る前のモラトリアムが用意されている。

　このように，現代では，多くの若者が，自分のアイデンティティを求めてモラトリアムの期間を過ごしているのである。

　そうした若者も，いつかは社会人として世の中で活動すること

になる。それゆえ、その前のモラトリアムをいかに有意義に過ごすかが大切なこととなる。今の時代、若者には時間的な余裕が与えられている。精神的な余裕も与えられているのである。

そうした猶予期間だからこそ、若者はさまざまな活動に取り組んでみたらよいのだ。これから先の長い人生のエネルギーを蓄える意味でも、モラトリアムを活用することが求められるのである。

2 ｜ 選ぶための練習

モラトリアムだからと言って、選択の機会がないというわけではない。人生が本番だとすれば、モラトリアムは練習のようなものである。

働くということを例に取ってみよう。社会人として本格的に仕事をしようとすれば、その前にそれなりの覚悟で就職活動に取り組まないといけない。生半可な気持ちでは、仕事を選べないだろう。

では、大学生のアルバイトはどうだろうか。アルバイトを決める際にも、いろいろなタイプがあるのだ。少しでも時給の高いアルバイトを探そうとする学生がいる。もう一方では、いろいろな種類のアルバイトをやってみようとする学生もいる。

かつての教え子の中に、肉体労働から事務仕事まで多様なアルバイトをしていた学生がいた。その学生は、自分にどんな仕事が適しているか知りたいと思っていたのだ。

確かに、大学生のアルバイトであれば、期限を決めて働くことができる。辛そうな仕事でも、一週間だけだったらやってみようと思えるだろう。そうやっていろいろな仕事を試してみる。そう

いう試みも、大学から社会に出るための一つの方法である。

いろいろなアルバイトをやり、さまざまな仕事の中身を直に体験する。そこで自分の適性や能力と見比べてみる。その中で、自分の適性や能力についての理解も深まるに違いない。そうした試みを役割実験と言う。まずはやってみる。いろいろ試してみる。そうした体験を通してわかってくることがある。世の中のことも、自分のことも、少しずつわかってくるのである。

役割実験はアルバイトに限らない。サークルでの部長や係を引き受けることも、一種の役割実験である。そこでうまくいけば、何らかの力がつくかもしれない。自信がつくかもしれない。こんなふうに、人生の選択の練習をする。それが人生を実りあるものにしていくのである。

3 | 人生の未来図

若者は未来に生きる存在だ。自分の人生が、どのような人生であるのか。自分は、どのような人生を送りたいのか。自分の想像力を最大限に発揮して、予想しようとする。人生の計画を立てようとする。

そうやって自分のこれから先の人生を展望する。それは、人間ならではのことである。私たちは、人生に起こりそうな出来事を思い浮かべる。そうした出来事のことをライフイベントと言う。そのようなライフイベントには、予測可能なことと予測不可能なことがある。さらには、自分で選択することが可能なことと不可能なことがある。

社会学者のクローセンは、そうした特徴を持つライフイベントの中から代表的なものを抜き出して、表2-3のようにまとめてい

る（クローセン，1987）。

ライフイベントには，予測でき，自分で選択できるものがある。就職や結婚などがそうだ。ライフイベントには，予測はできるが，

表2-3 | ライフイベントの種類

	予測可能	予測不可能
選択可能	結婚 両親になる 職業に就く 家を出て自立する	転職 引っ越し 離婚
選択不可能	教育・学校 思春期の始まり 能力の喪失	失業 配偶者の死 会社の倒産

それが起きる時期を自分では選択できないものもある。就学年齢，思春期や老化の開始などが，その例だ。

ライフイベントの中で，影響力がとりわけ大きいものがある。それは，予測不可能なものである。転職や引っ越し，離婚は自分で選択できるが，失業や配偶者の死などは自分で選択できない。このようにある日突然にやってくるライフイベントは，人生にネガティブな影響を及ぼすことが多い。

私たちは人生を選んでいくが，中には，自分で選べないものもあるのだ。自分以外の周囲の要因によって，半ば強制的に決められてしまうものもある。私たちの人生には，そうしたものも包み込まれている。その中で，私たちは自分の人生を歩んでいくことになるのである。

4 | 選んだものに賭ける

自分自身で考え，主体的に選ぶ。そのことが何よりも大事である。フォークロージャーのように，選択を人任せにする生き方はどこかで綻びの生じる危険性が高い。

自分で選ぶことには，悩みもつきものである。自分一人では決められないこともあるかもしれない。そうしたときには，周囲の

人の意見も聞きながら，最善の選択を心がけるとよい。

　自分で選んだ人生は，深く考え悩んだ分だけ，思い入れも強くなるはずである。思い入れとは，自分がどれぐらい，その対象にかかわっているか，その強さの程度を表すものだ。思い入れが強ければ強いほど，成し遂げようという気持ちも大きくなっていく。思い入れは，エネルギーの強さを示していると言ってもよいかもしれない。

　思い入れは，希望の程度によっても違ってくるだろう。第1希望，第2希望という言い方がある。自分が最初に希望したのが第1希望。だから第1希望への思い入れはより強くなる。順当に考えれば，第2希望は第1希望の思い入れにはかなわない。

　だとすれば，第2希望はそもそもダメなのか。そんなことはない。二つのうちの一つを選んだという点では，第2希望も50パーセントの意味を持っている。そう考えてみれば，第1希望も第2希望も意味としては大きな違いはない。

　そもそも世の中，自分の希望通りに選べなかったり，選ぶことができなかったりすることも少なくない。要は，その際に最終的に選んだ選択肢をどう見るかが問題となるのだ。あるときには，選んだものに全力をあげてかかわり，取り組んでいくことが大切になる。それは，自分の人生に投企（project）するということである。選んだものに自分の生き方を賭けるということであるのだ。

5 ｜ 選んだものに没頭する

　「一芸に秀でる」という言い方がある。一つのことに精進を重ね，非常の高い極みにまで到達することである。これが意味する

のは，何かに向かって一生懸命取り組むことの大切さである。我を忘れて没頭する。一つのことを成し遂げるには，それぐらいの意気込みと時間が必要である。

　ドイツの教育学者ボルノウに，『練習の精神』という著作がある。その中で，彼は次のように述べている（ボルノウ，2009）。

　　　人間は絶えず繰り返される練習によってのみその存在において自らを維持できる存在なのであって，その能力を所有していると自称して練習を止めたときには枯渇してしまう存在なのである。人間は練習の対象に忘我的に没頭することによって，自己の内的自由への道を獲得する。

　ともすれば，練習というものは単純でつまらないものと見なされがちである。私たちは，単調な練習よりは，華やかな本番を夢想しがちだ。だが，ボルノウは練習こそが，人間の自由への道であると説くのである。

　練習を繰り返し，繰り返しおこなう。そのことによって，どのような場面においても的確に対応できる能力が養われる。こうしたボルノウの主張は，単に身体的な運動の練習に止まらない。私たちの精神活動にも，練習の大切さは同じように適用されるものなのである。

　人生において選択したものに全力をあげてかかわって取り組んでいく。そのことが，私たちの自由を拡大し，未来へと導いてくれるのである。一つの小さなことは他の全てのことに通じている。そうだからこそ，一つの小さなことから始めて，それに没頭することが大切であるといえるのである。

6 | 新たな出会い

　私たちの人生には，さまざま選択場面が用意されている。容易に予想できるものもある。予想がつきにくいものもある。自分で選べるものもある。選択に制約が科せられているものもある。そうしたさまざまな選択場面で，自分で考え自分で悩んで選んでいく。さらには，選んだものに没頭し，全力でかかわっていく。それが次の自分を作っていく土台となるのである。

　悩んで選んだ先には，これまでには見えなかった新しい世界が見えてくるはずだ。岐路に立って悩み，必死で選ぶ。そうすることで，新しい道が開けてくる。決めることには，躊躇もつきものだ。うまくいかないかもしれない，ダメかもしれない。そんな気持ちが心をよぎることもあるだろう。そうしたプレッシャーを跳ね返していくのも，ときには必要ある。

　一人だけで悩まなくてもよい。信頼できる他者に相談することもできる。自分では気づかなかった道筋を指し示してくれるかもしれない。さまざまなヒントを与えてくれるかもしれない。それはきっと大きな支えとなるだろう。自分一人だけでなく，他者との関係の中で，じっくりと時間をかけて選ぶこともできるのである。

　選ぶことには，苦しさも，楽しさも相まって付きまとっている。それを味わうこと，それもまた人生である。そうした道のりを歩んでいくとき，人は新しい未来の自分と出会うのである。

第2節 未来を不安に思う

　1970年3月，私は高校を卒業した。折しも大学紛争の嵐が全国を吹き荒れていた。前年の東大と東京教育大の入学試験は中止された。通っていた高校にも，紛争の波は波及した。同級生の中には，校則廃止を主張してハンストをした者もいた。私はそれを横目に，身に入らない受験勉強をのたりのたりとやっていた。

　当然のことながら，受験の結果は散々だった。高校の担任教師から，「捲土重来」と書かれた葉書をもらった。そのときがんばろうと思った。親に頼んで，1年だけという約束で浪人させてもらった。「来年もダメだったら就職」と，強く釘を刺された。経済的な事情もあって，自宅での浪人生活を選んだ。

　その当時は，「一浪と書いてひとなみ（人並み）と読む」と言われていた。浪人生は，珍しくも何ともなかったが，そのことと，自分がその境遇を味わうのは全く別問題だ。自分の人生はどうなるのか。何もわからず，暗い毎日を過ごした。今から思えば，自分の未来が見えない1年だった。

1　未来の人生

1｜近い未来から遠い未来まで

　人生はよく旅に喩えられる。日常の旅であれば，旅程はたいてい決まっている。列車やバスを予約したり，あらかじめ宿を手配

しておいたりする。不測の事態がなければ，計画通りに旅は進んでいく。

　では，人生はどうだろうか。「人生行路」という言葉がある。これは，人生を前途の予測できない旅として喩えたものだ。何が起きるかわからない。一寸先は闇。人生にはハプニングがつきものなのである。

　人生は，誕生から死までという二つの出来事で区切られている。この世に存在する誰もが，この二つを必ず経験する。個人の死は確実な事実であるが，人は自分の死がいつ訪れるのかをあらかじめ知ることはできない。寿命は与えられたものである。自死を選ぶ以外，自分では寿命を選べない。

　ここに20歳の若者がいるとしよう。仮に，彼の寿命が80歳とする。彼には，60年という未来の時間がある。その人生には，いろいろなライフイベントが待ちかまえている。多くの人が経験するライフイベントは，自分の人生を思い浮かべる際の手がかりとなる。そのようなライフイベントの連なりが，社会的時計として有効に働くのだ。私たちは，そのような社会的時計を参考にしながら，自分のこれからの人生について考えるのである。

　来年や再来年は，まもなく来る未来だ。身近なモデルもいたりする。具体的に思い浮かべるのは比較的容易であろう。60歳，70歳の自分はどうだろうか。あまりにも遠すぎる未来だ。はっきりとしたイメージを思い浮かべるのは難しいかもしれない。

　このように，未来という時間は均質ではない。現在に近いほど，はっきりとしたイメージを持ちやすい。現在から遠ざかれば遠ざかるほど，未来の人生はぼんやりとしたものになってしまいがちなのである。

2 | 未来についての濃淡

　若者は，どのような未来を思い浮かべるのだろうか。大学生に質問した調査結果が，図2-1である（都筑，2007）。大学生にこれから先の将来目標を，一人最大10個までリストアップしてもらった。それぞれの将来目標の目標達成時期，重要度や実現可能性などについても同時に尋ねている。

　最も多かったのは，1年以内の目標だった。その割合は44.2パーセントと，半分近くを占めていた。現在から遠ざかるにつれて，リストアップされた将来目標の数は減少していった。大学生の将来目標は，数年以内のものが大半であることがわかった。

　男子と女子を比較すると，違いが見られた。女子の方が男子よりも，現在から近い目標が多かった。その反対に，10年以上先の遠い目標については，男子の方が女子よりも多かった。

　男女共通していた点もあった。現在に近い目標ほど，重要で，

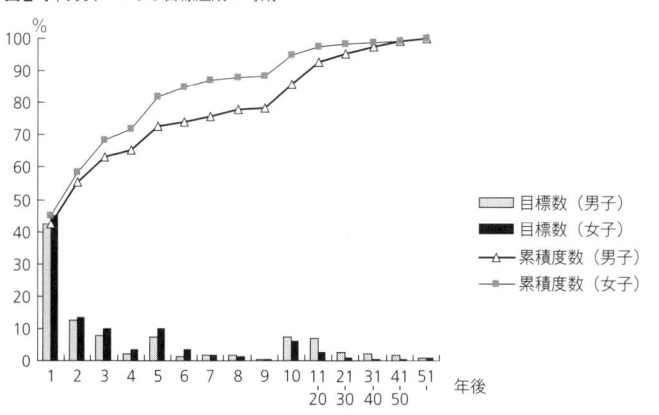

図2-1 | 男女における目標達成の時期

実現可能性が高いと見積もられる傾向があったのである。

　このように，思い浮かべられた未来には，濃淡がある。近い未来は濃く，遠い未来は淡いのである。近い未来は現実感を持ってとらえられる。遠い未来には現実感を持ちにくいようだ。

　現実的な未来であればあるほど，自分の人生を左右するものとして受け止められるだろう。それだけに不安も強くなるに違いない。未来と不安との間には，そのような関係があると想定できるのだ。

3 | 将来と未来

　これから先を意味する言葉には，「将来」と「未来」がある。国語学者の波多野精一は，この二つの言葉を区別している。その説に則りながら，原は次のように述べている（フレス，1960）。

　　　辞典について見るとまったく同義で，未来を引けば将来とあり，将来を引けば未来となる。漢字の字義からすればもちろん差異があって，将来は「まさに来たらんとす」であり，未来は「まだ来ない」のである。結局，同じものをさすのではあるが，態度には相違があって，将来はただこれから来るものをさすのに対して，未来は，それがまだ来ないとする点で，将来に対する一種の評価を加えている。

　ここで重要なのは，これから先の時間に対する態度の違いである。「将来」はすぐにでもやって来るものである。「未来」はまだやって来ないものである。私たちは，自分の人生において，まだやって来ないものを待っている。ただ待っているだけではない。能動的に待ちかまえているのである。

　社会心理学，精神分析の研究者であるフロムは，希望を論じる

際に，希望を獲物が来るのをじっと待っている虎に喩えている（フロム，1970）。獲物を待っている虎は，ただ単に受動的にうずくまっているわけではない。獲物がやって来たときに，すぐにでも跳びかかって，それを捕らえることができるような準備をしているのだ。獲物が来るのは，これから先の未来である。もしかしたら獲物は通りかからないかもしれない。来るかもしれない。そうだからこそ，未来への希望を持ち続けられるのだし，持ち続けなければならないのである。

そうした曖昧で，どうなるかわからない未来は不安を引き起こす。それでも，人間は未来の自分に賭けることができるのだ。

4 | 人生という迷路

知能テストの課題の一つに，迷路課題がある。簡単なものも，複雑なものもある。迷路課題は，紙の上に描かれている。平面上の迷路だから，俯瞰的な視点から眺めることが可能だ。入り口から出口まで，ある程度見通しながらペンを走らせることができる。途中の行き止まりも，あらかじめチェックしておける。

三次元の迷路はどうだろうか。かつてイギリスの田舎で，生け垣で作られた巨大な迷路を体験したことがある。その中に入ってみると，空は見えるのだが，先が見通せない。どこを歩いても，緑の生け垣ばかり。どこもかしこも同じに見えて，どれだけ進んだのかわからない。元に戻っているような気がしてくる。本当に出口に行けるのだろうかと，少しばかり不安な気持ちになった。迷路に入れられたネズミのような，そんな気分を味わった一日だった。

人生も先が見えない。その点では，迷路のようなものかもしれ

ない。だが，人生は知能テストの迷路課題とは違う。自分の置かれている迷路を上から眺めることはできない。誕生という入り口から入ったら，死という出口に出るまで，行きつ戻りつしながら進むしかない。見えるのは，自分の前だけだ。ある意味では，試行錯誤の連続と言ってもよいかもしれない。

　私たちが進む人生という迷路は，たった一度きりしかチャンスはない。誕生から死までの人生は，一度しかないのだから。そのとき，私たちは手ぶらで迷路を進むのだろうか。そうではない。自分の頭の中で人生行路を想像し，その地図を頼りに進んでいくのだ。その地図には，ライフイベントで構成された社会的時計がついているのだ。

　ネズミでさえも，同じ迷路を何度か繰り返して走れば，頭の中に迷路の地図が形成される。誤りは少なくなっていく。私たちは，予想された地図を頼りに未来へと進んでいくのである。一度きりの人生という迷路であっても，歩いているうちに次第に上手になっていくのである。

5 | 人生の夢

　人生は夢に喩えられることもある。中国に，「邯鄲の夢」という故事がある。盧生という若者が邯鄲で道士から枕を借りて眠った。すると，五十余年の立身出世の夢を見た。夢から覚めて起きてみると，炊きかけの黄粱はまだ炊きあがっていなかった。ほんの短い時間に見た夢だったのだ。栄枯盛衰は儚いものだという故事である。

　ここから人生は儚いものだと結論づけることもできるだろう。確かに，そうした側面もあるだろう。その一方で，夢を見ること

で未来に向かって生きていける。そういった側面も確かにあるのである。

2000年にノーベル化学賞を受賞した白川英樹博士は，次のようなことを述べている（白川，2001）。

> 「ない袖は振れない」ということわざがあります。最近は和服を着る機会がほとんどありませんから，若い人は「ない袖を振る」と言っても，何のことか理解できないかもしれません。
>
> その「袖」を「夢」と置き換えてもいいと思います。「もっていない夢は実現しようがない」と。夢をもたない人には，夢を実現しようがありませんね。

白川博士は，中学校を卒業するときに，「将来の希望」という題で作文を書いている。そこには，大学に入って化学や物理の研究をして，今までのプラスチックの欠点を取り除いたり，新しいプラスチックを作るような研究をしたいという夢が書かれている。白川博士の業績は，電気を通すプラスチックである伝導性ポリマーの発見と開発である。子どもの頃に夢見たことが，後の人生において実現されたのである。その努力も然りながら，このエピソードは夢見ることの大切さを教えてくれる。

2　人生への期待と不安

1｜未来への不安

誰しも未知のものに取り組むときには，「うまくいくだろうか」という気持ちになるものである。そうした漠然とした恐れの感情のことを，不安と言う。実際には，「案ずるより産むが易し」。こ

の諺のように、やってみればうまくいくことも少なくない。それでも私たちは、不安を抱くことがある。

　不安には、二つの種類がある。一つは、特定の場面で生じる不安である。試験が近づいてきて、勉強が十分できていないとしよう。気分を変えて勉強に取り組めばよいのだが、試験のことを考えれば考えるほど不安になる。勉強に手が着かず、問題が解けなかったらどうしようなどと思ったりする。寝ようとしても眠れず、さりとて勉強するでもない。こんな経験は、誰しもあるだろう。こうした不安を状態不安と言う。

　もう一つは、特性不安である。世の中には大勢の人がいる。その中には心配性の人もいれば、暢気な人もいる。古代中国に杞という国があった。その国に住む人が、天が崩れ落ちてきはしないかと心配したそうだ。心配しなくてよいことを憂うことを杞憂というのは、ここからきている。実際には、天が落ちてくるようなことはない。こんな取り越し苦労をする人は滅多にいないだろうが、ちょっとしたことを心配する人がいる。他方では、楽観的に物事を考えて、くよくよと心配しない人もいる。こうした不安の個人差を説明するのが、特性不安なのである。

　人生にはいろいろな出来事が起こる。予想できそうなものもあれば、そうでないものもある。近い未来であれば、具体的に考えられるが、遠く離れた未来であれば、ぼんやりとしか考えられない。いずれにせよ、人生はわからないことが多い。先回りして、不安になることもあるだろう。置かれた状況に応じて不安が高まることもあるだろう。未来への不安は、半ば必然的に生じてくるものなのである。

2 │ 不安の裏側にある期待

　このようにして不安について述べていくと，不安というものはネガティブな性質のものだと思う人もいるだろう。不安を感じるよりは，そうでない方がよいと考える人もいるだろう。不安はない方がいいと考える人がいるかもしれない。果たして，それはそうなのだろうか。

　確かに，試験の前に不安が高まってきて，勉強に身が入らないのは困る。そんなふうに勉強できなかったら，本当に試験に失敗してしまうだろう。それだけは避けたいものだ。

　他方で，不安が全くなかったらどうだろう。自分の実力も見極めずに，不安を抱かなかったどんな結果をもたらすのだろう。勉強しなくても大丈夫だと，やたらと楽観的だったとしたらどうなるだろうか。そんなふうだったら，これもまた試験に失敗してしまう危険がありうる。

　私たちが何かに取り組もうとするとき，適度の不安は必要である。不安によって，ある程度緊張して物事に望んだ方が，よい結果が生まれるものなのだ。

　人生には，新しい環境への移行がたくさんある。私たちは未知の世界に対して不安を持つ。それはごく自然のことである。その一方で，未知の世界に対して，私たちは期待もする。そこに，今までとは違った未来が展開することを願うのである。このように，不安と期待は，軌を一にしている。一枚のコインの表と裏の関係のようなものだ。期待があるからこそ不安になる。そのように言ってもよいかもしれない。

　表が不安だとすれば，裏が期待である。裏という言葉を辞書で

引くと，心という言葉にも「うら」と読む場合があることがわかる。不安な気持ちの裏側には，自分の期待が隠されている。そんなふうにとらえてみることも，人生の意味を深めるには重要である。

3 | 期待と不安の役割

　上級学校への進学は，人生の進路選択の一つとなる。そこでは，期待と不安とが入り混じる。期待や不安は，私たちにどのような影響を及ぼすのだろうか。

　図2-2は，小学校から中学校への進学のプロセスでの期待と不安を調査した結果である（都筑, 2001）。一人の子どもが，小学6年生の3学期から中学1年生の2学期まで，縦断的に調査に答えている。小学6年生のときには，中学校に入学することについて，次の2点を質問した。第1は，中学校生活に対して期待があるかである。第2は，中学校生活に対して不安があるかである。その回答をもとに，4つのグループに分類した。①期待も不安もある

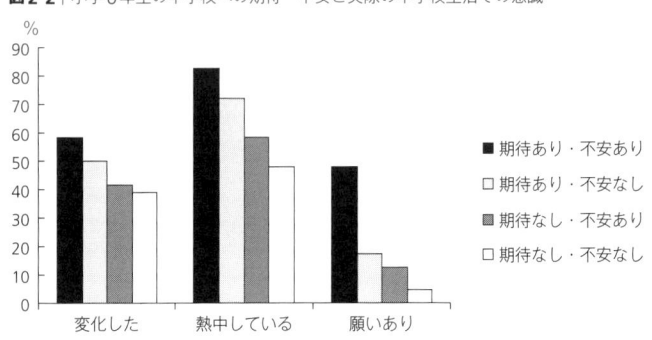

図2-2 | 小学6年生の中学校への期待・不安と実際の中学校生活での意識

（横軸：変化した，熱中している，願いあり／凡例：期待あり・不安あり，期待あり・不安なし，期待なし・不安あり，期待なし・不安なし）

群，②期待はあるが不安はない群，③期待はないが不安はある群，④期待も不安もない群。

　同じ子どもが中学生になったときには，次の三つの質問に回答してもらった。第1問は，小学校から中学校にかけて自分が変化したか。第2問は，今熱中していることがあるか。第3問は，これから先やってみたいと願っていることがあるか，である。

　図2-2をみると，小学生のときに期待と不安の両面感情を持っていた子どもが，現在に熱中し，未来に希望を持っていることがわかる。彼らにとって，自分が進んでいく中学校生活という未来は，不安と期待の両方を抱かせるものであった。期待が具体的で，自分が強く願うほど，それがうまく運ぶかどうか不安な気持ちにもなりやすい。そうした心理を示した結果だといえるだろう。

　このように，期待と不安が合わさると，私たちの人生に活力を与えるものとして作用するのである。期待が具体的であればあるほど，それが実現できるかどうかの不安も高まる。そのときの不安は決してネガティブなものではない。私たちを前に前にと進めさせるポジティブな意味合いを持つ不安なのである。

4 | 何を期待するか

　私たちは，どんなことを期待し，願うのか。児童精神科医のカナーが考案した「三つの願い」は，期待や願いの内容を知る一つの方法だ（カナー，1964）。カナーは「三つの願い」で，子どもたちに次のように質問する。「どんな願いごとでもよいから三つだけ叶えてあげるという妖精がいると考えてみよう。そうしたら君の三つの願いごとはどんなものだろうか」。

「三つの願い」は，どんなふうにでも答えることができ，正解というものがない。一種の投影法的な手法である。人間の内面的な世界を知るのには最適である。

では，若者の口からは，どんな期待や願いが飛び出してくるのだろうか。それ分類する基準は二つある。

第1の基準は，所有に対する期待や願いか，存在にかかわる期待や願いかである。フロムは，前者をhaving，後者をbeingとしている。havingは，物欲と言ってもよいかもしれない。あるところに欲張りな王様がいて，自分が触るもの全てが金になる魔法を手に入れた。願いは叶ったが，何も食べることができなくなった。こういう趣旨の寓話がある。何事にも限度というものが必要なのだ。もう一方のbeingは，自分の価値や生き方にかかわっている。どのような存在として人生を歩んでいくのか，その中身を問うことにつながっているのである。

第2の基準は，期待や願いの対象の違いである。それによって，大きく三つに分けられる。一つは，自分に対する期待や願いである。二つ目は，家族や友人などの周囲の人々に対する期待や願いである。三つ目は，社会に対する期待や願いである。

このように期待の中身は人格を表す。結局のところ，何を期待するかは人それぞれである。どれがよいとか，何を期待したらよいとかいうことはないのである。

5 ｜ 期待通りにいくか

期待とは，何かを得ることへの願いである。所有の期待にせよ，存在の期待にせよ，私たちは，それまでの自分にはなかったものを新しく得ることを期待する。人生において新たな環境へと

足を踏み入れようとするとき、私たちは何かを得られるのではないかと期待する。

そうしたときに、実際、どんなふうに人生が展開していくか、それはその場面になってみないとわからない。期待と不安を胸一杯に抱きながら、小学校を卒業して中学校に進学した生徒がいたとしよう。入試を受けて学校を選ぶことはできる。学校選択制で学校を選んだりすることもできる。

そうやって新しく始まる中学校生活。自分で中学校は選べても、クラス編成や学級担任は、学校によって決められている。自分で選ぶ余地はない。どのクラスに入るか、どの教師が担任になるかを、自分で選ぶことはできないのである。決められた通りに従うしかない、他はないのである。

生徒はそうした人間関係の中に飛び込んで、新しいつながりを作っていくことになる。そうだからこそ期待も高まり、同時に不安も強くなるのである。

自分の期待通りに進むかどうか、実際のところどう転ぶかはわからない。それは何とも予想もつかないのである。住めば都という。そのときどきの新しい環境の中で、自分の最善を尽くすこと。それが何よりのことであり、それが唯一のことなのである。

3　先の見えない人生を歩む

1 | 見えないから進める

ここに特別なメガネがあったとしよう。それをかけると、自分のこれから先の人生がどんなふうになるかがわかるメガネだ。明

日のことも，1カ月先も，5年でも50年でも，そのメガネをかけると自分の未来が全部見えるのである。
　どうだろう。あなたは，そのメガネをかける気になるだろうか。最初は珍しくて，かけてみるかもしれない。すると，未来がはっきりと見えてくるのだ。何が起こるのか，あらかじめわかるのだから，何事を準備するにしても楽に違いない。全てが予見できるのだから，何が起こるかドギマギすることもない。だから，不安に陥ることもなくなっていくだろう。全てが順調に進んでいく。安定した毎日かもしれない。
　だが，そのメガネをかけて何日かすると，違和感を感じるようになるのではないだろうか。たぶん，誰もが確実にそうなるに違いない。毎日，朝きると，その日のことが頭の中でイメージされる。ああなって，こうなって，最後は，こうなる。自分が過ごす毎日は，すでに全部わかっている。あらかじめ決まってしまっているのだ。自分が何かを選ぶ余地は，何も残されていない。夜寝るまで，自分の意思とはかかわりなく，自分の活動が淡々とおこなわれていくような感じだ。自分は何もしていない。そんな気分になっていくのではないだろうか。
　自分の人生の未来が見えたらいい。誰もがそんなふうに思ったりする。もしも人生の先行きが全部見えたら，それほどつまらないことはないだろう。予定通りに全てが進んでいく人生ならば，何の面白味もない。そんな人生であれば，自分で何かを選ぶ可能性など残されていない。
　自分の人生を予想することはできる。目標を立て，その実現を目指すこともできる。そうだとしても，自分の人生がその通りになるかどうか，それはわからない。未来は見えないものである。

だからこそ，選びながら進んでいける。人生とは，そもそもそういうものなのである。

2 │ 偶然を引き入れる

　周囲にいる人は，生き方のモデルになる。良い意味での教師にもなれば，悪い意味での反面教師にもなる。数年先の人生を考えるには，自分より少しだけ年齢を重ねた先輩がモデルになるだろう。20年，30年先の人生を考えるには，自分自身の親や学校の教師がモデルになるだろう。小説や映画も，人生を考える素材として欠かせない。

　そのようなモデルを参考にして，自分の未来について考えてみる。それが人生の見通しを形作っていくことになる。それは，これからの自分のキャリアであり，うっすらと描かれた人生の軌跡である。

　その道を進んでいくとき，私たちは分岐点に差し掛かり，それぞれの時点で選択をおこなっていく。その際，往々にして偶然的な要因が加わってくる。「偶然手にした新聞記事を読んで，人生がガラッと変わった」「ある日耳にしたラジオの番組が，私の人生を変えた」，そんな話もわりとよく聞くことだ。

　おそらく大勢の人たちが，その新聞記事を読んだり，ラジオ番組を聞いていたことだろう。そうした人みんなの人生が変わったのか。そんなことはない。大多数の人にとって，その後の人生は何も変わらず，淡々と続いているだけだろう。

　ある人の人生には影響を与え，別の多くの人にとっては何の意味ももたらさない。その差はなぜ生まれるのだろうか。

　それはおそらく，内的な準備性がかかわっている。そうした偶

然の出来事を自らの人生に引き入れる何か整っていたからに違いない。今の自分の状態を何とかしたいという欲求。今の自分に飽き足らない気持ち。そうしたものがあったからこそ、偶然の出来事が影響を与えることになったのだ。このようにして、偶然の出会いは人生を変える必然となっていくのである。

3 ｜ 不安に思ったら振り返る

　私たちが道を歩くとき、進行方向に顔を向けて歩く。これはごく当たり前のことだ。方向や向きを表す英語に、オリエンテーション（orientation）という言葉がある。学校で新年度の開始前に、さまざまな説明をするのもオリエンテーションである。このようなオリエンテーションには、学生や生徒を一定の方向に導くという意味が込められている。

　オリエンテーションは、オリエント（orient）から発している。オリエントとは、東の方を意味する。それとともに、正しい方も意味する。だから、オリエンテーションとは、正しい方向に導くような指導のことなのだ。

　私たちが、進行方向に顔を向けて歩くのはなぜだろうか。自分が正しい方向を歩いているかどうかをいつでも判断するためである。後ろ向きに歩いていたら、何かにぶつかってしまうかもしれない。まっすぐに歩いているつもりでも、斜めに逸れてしまうかもしれない。だから、前を向いて歩くことが必要なのだ。

　だが、前を向いて歩いているだけではわからないこともある。出発点からどれぐらい進んできたのか。それを知るには、出発点からの距離を見なければならない。出発点からどの角度で進んできたのか。それを知るには、出発点を参照しないといけない。現

在地から出発点を振り返ることで,距離も角度もわかるのである。

人生も同じである。前を見ているだけでは,見えてこないことがある。これでよいのかと不安に思うこともある。そういうときには,自分が歩いてきた道のりを振り返るとよい。振り返って確認したり,反省したりすることが必要なのである。未来に向かって進むためにも,時に応じて過去を振り返ってみる。そこから新しい気づきが生まれることもあるのである。

4 | 不安が強すぎてもダメ

不安は,身体的な緊張や精神的な緊張を引き起こす。私たちが活動するとき,適度な緊張が必要だ。適度な緊張は,身体や精神が動き出すのに最適な状態を作り出す。その反対に,弛緩した身体では,すぐには動き出せない。緊張のない弛緩した日々は,何物も生み出さないのだ。

だから不安は大切である。だが,それにも限度がある。不安が強すぎて過度の緊張状態にあれば,私たちは十分な実力を発揮できない。それどころか,何もできずに終わってしまう危険性もある。

両手で糸を引っ張ったとき,ピンと張った糸は切れやすい。はさみの刃がちょっと触ったら,すぐに切れてしまう。対照的に,少し緩んだ糸を切るのは難しい。少し緩んで遊びのあるぐらいが,ちょうどいいのだ。

人生においても,同じように遊びは必要である。不安から生じる過度の緊張を緩めるような遊びがあってこそ,人生の楽しみを味わうことができるのだ。

不安から期待が生まれる。また，期待が不安を醸成するのだ。そうした不安は期待とともに人生を揺り動かし，前進させるエネルギーとなるのである。

5 | 視界を開く

　人生に見通しを持つことは，容易なことではない。だが，決して不可能なことでもない。入学，就職などの人生の節目を表す社会的時計を参照する。モデルとなる他者を参考にする。そうしながら，私たちは人生の見通しを持とうとする。そうした作られた人生の未来図によって，私たちは見通しを確固としたものとしようとする。

　私たちは人生を歩んでいる中で，さまざまな岐路に立たされる。そのときどきに，自分なりに考え，自分なりに選択する。そうやって，選択を重ねる中で，自分の未来は少しずつ見えてくるものなのだ。

　自分なりに定めた方向に向かって歩みを続けていく。そうすると，いつか視界が開けてくるときがある。一つの段階を越えて，次の段階へと上っていくとき，目の前に大きな世界が見えてくるときがある。だが，しばらくすると，また目の前には何も見えなくなり，未来への不安が強まってくる。

　私たちの歩んでいく人生とは，そうしたことの繰り返しだと言えるかもしれない。一喜一憂せず，着実に進んでいくこと。それが人生には求められる。

第3章

成長していく自分

第1節 ジグザグに進む

「何かが足りない」。ぼくは、ある日突然そう思う。シルヴァスタインの絵本『ぼくを探しに』の主人公の話だ（シルヴァスタイン，1979）。

ぼくは丸い。だが、まん丸ではない。少しかけているところがある。だから自分は楽しくない。ぼくはそう考える。そうだ、かけらを探しに行こう。ぼくはそう考える。転がりながら歌を歌い、ぼくはかけらを探しに行く。

絵本のストーリーは単純だ。ぼくが足りないかけらを探しに行く。ただそれだけだ。その中で、いろんなことがある。花の香りをかいだり、かぶとむしを追い越したりする。穴に落ちたり、石の壁にぶつかったりする。いろんな形のかけらと出会い、別れていく。

あるとき、ぼくは自分にぴったりのかけらを見つける。探し続けたものが、ようやく手に入ったのだ。その喜びようといったら、それはすごいものだ。丸くなったぼくは、どんどんと転がっていく。どこまでも速く転がっていく。で、その後、ぼくはどうなるか。話はまだ続く。

人生をどう過ごしていくかを自分なりに考える。そのための素材が、この絵本の中にある。

1　人生の進路

1│まっすぐには進まない

　運動会の競技の一つに,障害物競走がある。跳び箱を越え,平均台を渡り,網をくぐってゴールに向かう。スムーズに進んでいくばかりではない。跳び箱にまたがったり,平均台から落ちたり,網に引っかかったりする。後からやって来た人に追い抜かれたり,先の人を追い越したり。ちょっとハラハラドキドキする競技だ。

　障害物競走は,人生の縮図のようでもある。平坦な道を進んでいくばかりではない。ときに,自分の前に立ちはだかる壁がある。細くて険しい道が続く。もがいて進むときもある。まさに,「人生,山あり谷あり」なのである。

　私たちは,そうした人生をどんなふうにイメージしているのだろうか。大学生に赤ちゃんから老人までの自分の人生を評定してもらったのが,図3-1（都筑, 1999）である。最初に,自分の人生のベストイメージとワーストイメージを思い浮かべてもらった。ベストイメージを10点,ワーストイメージを0点とする。この11段のハシゴを用いて,人生のいくつかの時期がどのあたりに位置するかを評定してもらうのである。過去については,実際にどうだったかを判断してもらった。未来については,どんなふうになりそうか予想してもらった。

　アイデンティティ拡散は,現在より先の未来のイメージが最も暗かった。自分とは何かがはっきりしていない彼らは,人生の見通しも持ちにくいのだ。アイデンティティ達成は,過去のイメー

図3-1 | アイデンティティ・ステイタス別の人生のイメージ

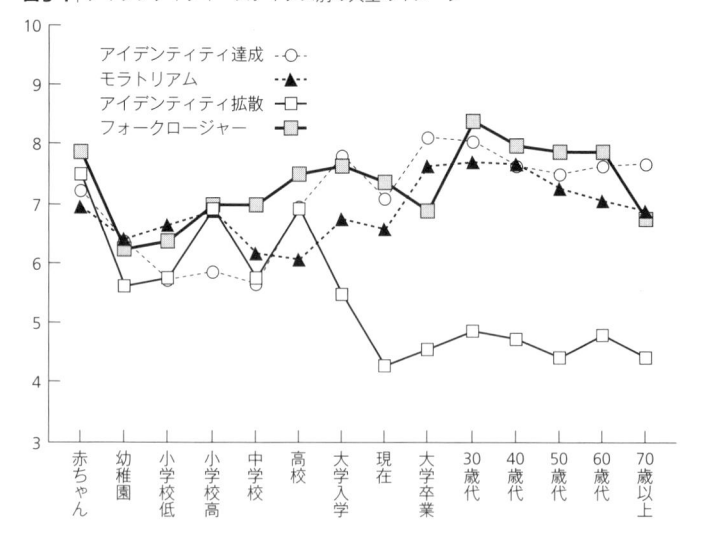

ジは低かったが，未来の人生のイメージは明るかった。過去には悩みや不安があったが，それを乗り切った様子が伺えた。フォークロージャーは，過去も未来もおおむね最も明るくイメージしていた。自分が選んだのではない道を進むだけに，イージーに未来を思い描けるのかもしれない。

こんなふうに私たちは人生のイメージを思い描いている。それは平坦ではなく，デコボコな人生イメージなのである。

2 | コーナーワーク

大学時代に，オールナイトスケートが流行った。近くのスケートリンクに集まって，夜通し滑るという企画だ。たくさんの若者がやって来た。今で言う，合コンのようなものである。

参加者は、スケート靴を履いてリンクに降りる。だが、経験がなければ滑れない。立っているのも、ままならないのだ。初めは手すりにつかまって、恐る恐るやるしかない。私も二度三度行った。手すり磨きをとうとう超えられなかった。

　スケートも上手になれば、自由自在に滑れるようになる。オリンピックのスピードスケートでは、驚くような速さで選手がリンク上を滑走する。文字通り、滑るような速さだ。陸上競技の短距離選手よりも圧倒的に速いスピードである。

　リンクは直線とカーブの組み合わせだ。カーブでいかにスピードを落とさず滑るか。それが重要なポイントらしい。試合を見ていると、ときどき転倒する選手がいる。カーブでバランスを崩したら、建て直すのは容易でない。まして高速で滑っているのだから、一瞬のミスも許されない。

　私たちが進む人生も、直線ばかりではない。あるときには、カーブが続く坂道だったりする。直角に近いヘヤピンカーブもあるかもしれない。人生には、さまざまなコーナーが待ちかまえているのだ。そんな人生の曲がり角をどうやって切り抜けていけばいいのか。難しい問題だ。

　スケート選手の目標は、ゴールに早く着くことだ。だが、人生は速さを競うものではない。スピードを落として、ゆっくりと進んでいくのもよいだろう。ちょっと一息つくのもいいかもしれない。焦りは禁物であり、余裕を持つことが大切なのだ。

　コーナーワークの妙が、人生を楽しいものにもするし、困難なものにもするのである。

3 ｜ 風をとらえる

　子どもの頃，冬の遊びと言えば，凧揚げだった。北風が吹くと，絶好の日よりだった。風をはらんで空に上っていく凧。どれぐらい高いかを，競ったものだ。風がなければ，凧は飛ばない。風向きをつかまなければ，凧は揚がらない。見えない風を，どう見るか。そんなところにも苦心があった。

　人生にも，風は吹く。追い風に，向かい風，順風に，逆風。いろいろな風が吹いてくる。人生の風も，目には見えない。ある日突然，つむじ風が吹くこともある。それまで吹いていた風がパタッと止むこともある。

　そうした風をしっかりととらえる。それが人生には必要だ。順風満帆。そんな人生ばかりではない。波瀾万丈。そういう人生もある。そのときどきで，風をとらえれば，歩く道のりは容易になる。

　追い風が吹いたら，少し力を抜いてもよい。風の助けを借りて，前に進めるからだ。向かい風が吹いたら，少し休んだ方がよい。風に逆らって歩いても，ただ疲れるだけだからだ。風向きによって，臨機応変にやっていく。そうした心構えも大切だ。

　外を歩けば，ほほに風を受ける。それで風向きを知ることができる。そよぐ木の葉も，風向きを知らせてくれる。空に浮かぶ雲も，風の行方を教えてくれる。そんなふうに周囲を見渡せば，風がどこから吹いてくるのか，よくよくわかるというものだ。

　人生もまた然り。あらゆるところで風向きを知ることができるのだ。次は，その風をどうとらえるか。それは一人ひとりの工夫次第だ。

同じ風は二度とは吹かない。一度のチャンスを逃さない。機敏な対応も必要なのである。

4 | めりはりをつける

かつて「日本人はウサギ小屋に住む働き中毒だ」と言われた。「24時間働けますか」というコマーシャルもあった。私たちは一日中、のべつ幕無しに働き続けることなどできるわけがない。どこかでちょっと一休み。そんな合間も必要だ。

活動がオンとすれば、休息はオフ。オンがあってオフがあり、オフがあってオンがある。両者は二つながらに存在する。朝起きて、夜寝るまで。オンとオフは、生活の中にさまざまな形で散らばっている。

明日から定期試験が始まると仮定しよう。初日は、数学と英語、それに倫理社会だ。がんばって2時間勉強した。あくびも出てきて、そろそろ限界だ。ちょっと一休み。オンからオフへと切り替える。ジュースを飲んで、お菓子を食べる。ゴロッと横になって音楽を聴く。あっという間に30分が過ぎる。さあ、もう少しやるかと、勉強を再開する。今度は、オフからオンへの切り替えだ。

こんなふうに一つの活動から別の活動へと、私たちは次々に移っていく。私たちは、こういうことを毎日何度も繰り返しているのだ。

自分で意識した切り替えは、生活にめりはりをつける。のんべんだらりと過ごすのではなく、自分で生活を作り上げることになる。

土日の休みも重要なオフとなる。夏休みや冬休み、春休みも同

じだ。どんなふうに過ごすのか,過ごし方で人生は変わっていく。活動から休息へ。オンからオフへ。自分で切り替えていく。そうやって区切りをつけ,私たちは前に進んでいくのである。

　上手にめりはりをつけていけば,気分も変わり,リフレッシュする。そうした気分転換をはかりながら,私たちは人生を生きていくのである。

5｜全力疾走の限界

　私は運動が苦手だ。走るのが遅い。運動会の徒競走が嫌いだった。自分では全力疾走しているつもりでも,どんどんと置いていかれてしまう。あまりよい思い出は残っていない。それでも高校生の頃は,それなりに走れたと思う。今ではどうだろう。全力で15メートルも走れないかもしれない。

　全力で走れる距離には限度がある。どんなに優秀なスプリンターであってもそうだ。50パーセントの力で走ってみたら,どうだろう。走れる距離は長くなるだろう。20パーセントの力だったら,もっと長く走れるだろう。力を加減して走れば,一度に走れる距離はどんどんと長くなっていくのである。

　人生は長距離走のようなものだ。それもジョギングのようにゆっくり走っていく。隣にいる仲間と語らいながら走っていく。ときには鳥のさえずりに耳を澄ます。空の青さに目をやる。そんなふうにゆっくりと走る。それが人生というものだろう。

　中には走り抜けようとする人もいる。短距離走者のように,脇目もふらず,ひたすら前だけを見て,ゴールを目指す。だが,長い人生を全速力で走り通すことはできない。疲労がたまって骨折したり,暑さにやられて倒れたり。どこかで長いこと休むよう

な、そんな不幸な事態になりがちだ。

　42.195キロのフルマラソンよりも長い、ウルトラマラソンというレースがある。300キロや500キロの長い距離を、何日もかけて走る。自分のペースでゆっくりと走るしかない。ウルトラマラソンは記録を求めて走るのではない。足の痛みや自然の猛威にさらされながら、それでも走っていく。大事なのはプロセスなのだろう。走ること自体を楽しんでいるのだろう。人生を行く私たちにも、同じことがいえる。

2　進むためのエネルギー

1｜立ち止まる

　マラソン番組を見ていると、レースの途中、中継所で水分を取るシーンを目にする。自分で調合した特別ドリンクを補給している選手もいるようだ。鍛え抜いた選手でも、走っているうちにエネルギーや水分が足りなくなってくる。そこで水分や栄養を補給する。レースだから、立ち止まる選手はいない。

　私たちが生きていくにも、水分や栄養は欠かせない。身体や心にも、エネルギーが必要だ。ガス欠では少しも動けない。ガス欠では何も考えられない。食事を取り、睡眠を取る。本を読み、人と話す。そんな基本的な活動が、生きていく上での糧となる。

　立ち止まって休むことも、ときには必要だ。人生はレースではない。順位を競うものでもない。だからゆっくり休んでも問題ないのである。一時期、充電という言葉が流行した。電池で走る模型自動車は、電池切れでは走れない。そこで電池を充電する。電

池が満タンになったら、再び走るようになる。私たちがゆっくり休むのも、充電するということなのだ。

　日常生活がオンならば、充電期間はオフとなる。いつもと違う毎日が、心の垢を洗い落としてくれる。いつもできないことを思いっきりやる。そういう気持ちの切り替えが、その後のエネルギーを生み出すことにつながるのだ。充電期間の蓄えが、その後の財産となるのである。

　ほんの1日の充電かもしれない。週末を使った充電かもしれない。半年とか、1年という長い充電かもしれない。いろいろな充電で気分転換をはかり、生きるエネルギーを蓄える。立ち止まることは、やはり大切なことであるといえる。

2 | ためをつくる

　運動会の徒競走は、「ヨーイ、ドン」の合図でスタートする。「ヨーイ」の掛け声で身体を静止させる。一瞬の間があり、その後に、ピストルの「ドン」で走り始める。そこには、「静」から「動」への移行がある。静止している間にエネルギーをためておき、「ドン」の合図でそれを爆発させるのだ。この静止を保っている状態を、ためという。ためがあるから、さっとスタートできるのである。

　ロケットスタートという言葉がある。スタートが得意な短距離選手は、素晴らしいスタートダッシュで飛び出していく。敏捷な反射神経で、フライングすれすれにスタートするのである。

　もしもクラウチングスタートでなく、スタンディングスタートだったとしたらどうだろう。ただ突っ立ったままの状態から走り始めたとしたらどうだろうか。同じ「ヨーイ、ドン」の合図で走

ったとしても，記録はずっと遅くなるはずである。身体の準備が整わなければ，うまく動き出せないからだ。

　このように，的確に動き出すには身体のためが欠かせない。ためがなければ，敏速な行動は望めない。静止してためを作っている状態は，外側から見ると，何もしていないように見える。だが，実際にはそうではない。何かをする準備をしっかりと整え，外からやってくる合図を能動的に待ち受けているのである。密やかな能動性が，そこには隠されているのである。だから何をするにも，ためが重要なのだといえる。

3 ｜ いつもうまくいくとは限らない

　連戦連勝。何をやってもうまくいき，向かうところ敵無し。サッカーや野球の監督だったら，そんな姿にあこがれるかもしれない。だが，現実にはそんなことにはならない。勝ったり負けたり，負けたり勝ったり。勝率8割なら，楽々優勝だ。

　個人の記録でもそうだろう。

　野球を例に取ろう。打率3割は，バッターとしての勲章だ。3割を超えるバッターはそうそういない。そんな優秀なバッターでも，10回の打席でヒットを打つのは，3回か4回だ。残りの打席は，あえなく打ち取られてしまう。うまくヒットを打つよりも，打てない方が多いのだ。それでも3割バッターは尊敬される。

　同じヒットでも，どんな状況で打ったかで意味は変わる。誰も塁にいないときのヒットは，その後のチャンスを作る布石となるかもしれない。9回裏0対0，ランナー3塁で放ったヒットは，チームに勝利をもたらすことになる。チャンスに強い3割バッターは，チームメートからも強く信頼されることだろう。

私たちは，人生において，自分が試されるような場面に遭遇する。何かを選び，何かを捨てる。ピッチャーが投げた球を，バッターが選んでバットを振るようにだ。思い切り振ったら空振りだったりする。狙い通りにヒットだったりする。いい当たりでも野手の正面だったりする。いろんなことがあり，うまくいったり，いかなかったりする。

　ヒットにならないのは，時の運だ。そんな時もあるだろう。ピッチャーの技量が上回っていたのか。自分の選球眼が未熟なのか。コンディションが悪かったのか。そんなふうに振り返ってみるとよい。こうしていろいろな角度から改めて自分を眺めてみると，新たな気づきがあるものだ。

4｜過去を振り返る

　「野球にはタラもレバもない」と言ったりする。「あそこでヒットを打っておいたら……」「あそこでエラーをしなければ……」。後になって悔やんでも仕方がない。終わってしまった試合の結果は変えようがない。

　だが，次の試合への反省は必要だ。なぜヒットを打てなかったのか。どうしてエラーをしたのか。しっかりした反省の上に，次の行動が成立するのである。

　私たちの日常生活でも，同じようなことが言える。

　私たちは，いくつもの失敗を経験する。大きなものもある。小さなものもある。重大なものもある。些細で取るに足らないものもある。こうして過去にやった失敗を数え上げていったら，限りがない。失敗した過去の時間に戻って，もう一度やり直すことはできない。やれることは，自分の失敗を改めて考え直してみるこ

とだけだ。

　改めて考え直してみるとは，自分の過去を振り返ることである。自分のやったことを問い直し，新たに意味づけすることである。そうした心理的メカニズムは，図3-2のように示すことができる（都筑，1999）。

　過去を振り返るとは，いつまでも過去の失敗に拘泥することではない。いくら後悔しても，過去は取り戻すことはできない。いつまでもこだわり続けていれば，先には進めない。過去を振り返るとは，過去の自分と比較して，現在の自分を相対化して眺めることだ。

　自分がどれぐらい成長したか。自分が今どのような位置にいるのか。それを知るためにも，過去の自分を振り返ることが必要だ。過去の自分は現在の自分の参照点になるのである。そうやって過去を振り返って，自分の成長や進歩を知る。そこから未来の人生への希望や期待が生まれてくるのである。

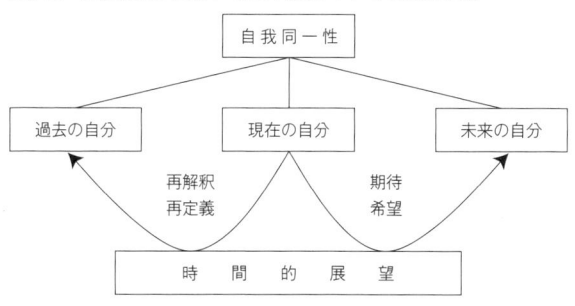

図3-2 | 時間的展望と自我同一性との関連についての仮説的図式

第3章　｜　成長していく自分

5｜失敗をふまえて成長する

　私は現役のとき，大学入試に不合格だった。浪人生活を余儀なくされた。これはかなりの失敗体験だ。自分が招いたとはいえ，心のダメージは大きかった。二度と失敗は許されない。それもストレスになった。

　受験勉強には限りがない。来る日も来る日も机に向かう。そんな生活を1年送った。高校3年間の不勉強を1年間で取り戻す。そんな気概があったのだろう。とにかくがんばった1年だった。

　今から思えば，あれだけ勉強したことが自分の自信になったのだろう。だから合格できたのだろう。そんなふうに考えることができる。過去の失敗は，そんなふうに解釈される。それも，大学生になれたからこそ言えることかもしれない。もし不合格だったとしたならば，その後どんなふうになっていたか。それはどうだかわからない。

　「失敗は成功の母」と言われる。だが，失敗したときには，誰もがきっと落ち込むに違いない。不安にもなるだろう。それはごく自然の感情だ。問題は，その次である。自分の失敗をどう見るかだ。失敗から教訓を引き出せば，その失敗体験は生きてくる。次のステップに上がる糧となってくる。そのまま失敗を放っておけば，再び失敗する危険が増す。前に進むどころか，いつまでたってもその場で足踏みだ。

　失敗は許せる。若者の失敗は許されるだろう。だが，失敗を反省しないことは許されない行為だ。反省から学ぶ態度がないならば，次への前進は見込めないからだ。若者の人生には，未知の領域が広がっている。知らないことやわからないことが，たくさん

待ち受けている。だから，若者はつまずきやすい。失敗しやすい。たとえそうだとしても，失敗を取り返せないことはない。そこから学べば，取り戻せるのだ。三振の次の打席に，ヒットを打つ。失敗をふまえて成長する。そんな生き方が自分の未来を切り開いていくのだ。

3 節目を活かす

1 | 結果とプロセス

　私が受験生だったのは，国立大学が一期校と二期校に分かれていた時代だ。共通一次試験よりも前のこと。センター入試のはるか前の昔のことである。入試と言えば，各大学独自の筆記試験のことだった。

　その頃に比べて，最近の大学入試は多様化してきている。一般入試，センター入試，学校推薦入試，自己推薦入試……。実にさまざまだ。その中から，受験生は自分に合うものを選んで試験に臨む。

　受験生には，もう一つ大切なことがある。それは，自分が進学したい大学の希望順位だ。第1志望，第2志望，第3志望……。たいていの受験生は併願して試験に臨む。それはいつの時代でも変わらないことである。

　入試の結果は明瞭だ。合格か，不合格か。そのいずれかである。合格すれば，大学を選ぶ。そうして新年度になれば，晴れて大学生となる。

　大学生になることを結果とすれば，そこに至るまでのプロセス

は千差万別である。受験の方法も、志望順位も、それぞれに異なっている。努力や運も重なって、悲喜こもごもの人生模様が繰り広げられる。それでも、同じ大学に入ってくれば、同じ大学生と見なされるのだ。

　結果とプロセス、そのどちらが大事か。実に難しい問題である。それは目的にもよるだろう。大学入学が最終ゴールだとするならば、それに至るプロセスはどれでもよいことになる。どういう方法でも、とにかく入学できれば、それでよいのだ。コストパフォーマンスのよさがポイントになるかもしれない。

　では、大学入学が一つの通過点の場合はどうだろうか。第2志望の大学に進学したとしても、その結果を受け止め、そこに至るまでのプロセスを自己確認できるかもしれない。そのことが次のステップにつながっていく。そうしたこともありうるのだ。

　結果とプロセス。その両方の関係を自分なりに考えることが求められるのである。

2 │ プラスとマイナス

　私たちが日頃手にする百円玉には、表と裏がある。両面とも表だけの百円玉もないし、裏だけの百円玉もない。あるとすれば、それは偽のコインだ。表裏一体と言うが、文字通り表裏一体となって、初めて百円の価値が出てくる。

　百円玉の表には、100という大きな数字と「平成〇年」という文字。裏は、桜の図案と「日本国百円」と小さく書かれた文字。百円玉の表と裏は、便宜的に決められているらしいが、表を見ると、百円とすぐわかる。裏の方ではわかりにくい。日本語を知らない外国人は、表を見て100Yenと判断するのだろう。

このように表は目立ち，裏はひっそりとしている。それでも表と裏があって，初めて一つの存在となるのだ。こんなふうに，二つが組み合わさって一つのものになる。どちらが欠けてもダメなのである。

　こういうことは，身の回りにもたくさんある。プラスとマイナス。長所と短所。強みと弱み。私たちは自分自身を語るとき，自分の表と裏を一体としたものとして語る。概して，自分のよいところには気づきにくいものだ。自分でもよくないと思っているところは，ついつい気にしがちだ。

　表ばかりの人間も，裏ばかりの人間もいない。表裏合わさって，私たちの個性を形作っている。表も裏も，そのどちらも欠かせない。

　相手が見せる表の顔には，どんな裏側にあるのだろうか。人付き合いの中では，そうした視点から見るのもときには大事だろう。自分が占める裏の顔には，その反対側にどんな表が隠れているのか。自分自身がそれに気づくのも，大事なことなのである。私たちが持っている裏の顔には，案外，自分の心の本当の部分が隠れているものなのだ。

3 ｜ 第2反抗期

　第2反抗期は，12-13歳頃やってくる。それまであんなに好きだった父親や母親が，ある日を境に嫌いになる。それほどでないにしても，なんとなく疎ましく感じられる。ちょっと口出しされると，ムッとする。ついつい反撥したくなる。こんな経験は，誰しも大なり小なり持っているに違いない。それが第2反抗期の始まりだ。

大人の側にとっても，この時期の若者は扱いにくい存在だ。まだくちばしも黄色いのに一人前の口ばかり叩く。そんなふうに反抗期の若者を見る人もいるだろう。素直だった子どもが口答えばかりで，従順だった子どもが言うことを聞かなくなる。楽しかった一家団らんは，いつの間にか，どこかに消え去ってしまう。

　こんなときには，マイナスの面ばかりが目につく。若者の行状を見て，大人はイライラする。それに反撥して，若者もイライラする。イライラとイライラがぶつかり合って，さらに状況は混迷の度を深める。

　第2反抗期は，自立への一歩である。マイナスに見える問題行動が表の面とすれば，その裏側には若者の発達要求が隠れている。一人前になりたい，一人前に扱われたい。そんな気持ちが潜んでいるのだ。

　第2反抗期は，発達過程における一つの節目である。誰もが通る道なのである。プラスからマイナスへ，さらにその上のプラスへと展開していくプロセスなのである。成長するためには，ときには「悪くなる」ことも必要なのだ。第2反抗期の最中には，若者は自分をそんなに冷静には見つめられない。少し離れて客観的に状況を判断し，若者を支えていく人々の存在が不可欠だといえる。

4｜今を充実させる

　『いまを生きる』という映画がある。舞台は全寮制の厳しい規則のエリート高校。生徒たちは，抑圧された毎日を送っている。そこに新しく破天荒な教師がやってくる。生徒に古典的詩人の詩を朗読し，詩の素晴らしさを教える。がんじがらめに縛られた生

き方を捨て，自分の足で歩む生き方の素晴らしさを教える。生徒は次第に目覚めていく。物語の後半には，大きなドラマが待ち受けている。

今を生きることは大切だ。今は今のためにある。今は今のためにしかない。当たり前のことだが，果たして私たちはそんなふうに生きているだろうか。今しかできないことを，未来のために放棄していることはないだろうか。未来のために，今の生活を犠牲にしていることはないだろうか。

『いまを生きる』の生徒たちは，抑圧された高校生活の中で，空虚な今を生きていた。生きている実感を十分に持てないまま，決められた毎日を黙々と過ごしていたのかもしれない。新任教師は，そうした日常に一つの刺激となる。詩の朗読という新しい活動への取り組みは，日々の生活の見直しへと生徒たちを誘ったのだ。そうして詩の朗読に打ち込み，その面白さを知る中で，生徒たちは自分の新しい可能性に気づくことができたのだ。

その後の結末がどうなるか。それは状況次第だ。悲劇にもなりうるし，ハッピーエンドにもなりうる。それは誰にも予測できないのである。

今を充実させること。それが未来を切り開く鍵となる。そのことだけは確かにいえる。

5 | 化ける

我が家の庭に，柚子の木がある。夏なるとアゲハチョウが飛んでくる。卵を産みつけるのだ。そのうち，青虫がモソモソと動き出す。元気に葉をバリバリと食べる。柚子坊と呼ばれる所以だ。どんどんと大きくなっていく。まあ仕方がないかと諦めて，その

まま放っておく。毎年の出来事である。

　アゲハチョウの一生は，卵，青虫，サナギ，蝶の4段階。どの一つとっても，他の三つとは姿形が違う。一つの節目を越えると，違った存在になる。節目ごとに，質的に全く異なったものになっていくのだ。

　劇的なのは，蝶になるときだ。蝶になって羽ばたく前には，サナギの期間が続く。そこではじっと動かず，時機が来るのをただひたすら待っている。そうした静の時間も，アゲハチョウの成長には不可欠なのだ。

　私たちの一生にも，大きな節目や小さな節目がある。乳児期，幼児期，児童期，青年期，成人期，老年期。こうした発達段階は大きな節目だ。私たちは節目を越えながら，成長していく。その都度，その前の段階とは違った存在に生まれ変わっていくのである。小さな節目は数限りない。学校への進学や就職，転職，結婚。こうしたライフイベントも節目になることがある。個人的な出来事や誰かとの出会いも，私たちの成長に寄与することがあるのだ。

　節目を越えた若者は，アゲハチョウのように大きく変身した姿を見せる。それまでのおずおずとした振る舞いから堂々とした振る舞いへと，別人のようになることもある。そうした変身は，自分では案外気がつかないこともある。周囲にいる大人が鏡になって，そうした姿を映し出してみることも，ときには大切なことなのである。

第2節 ピンチをチャンスに

　高校時代，同じ夢をよく見た。フロイトもユングも夢分析も，まだ何も知らなかった頃のことである。

　その当時，毎日日記をつけていた。夢の内容が，その日記に書かれている。よほど気になっていたのであろう。改めて読み返してみると，ちょっとばかり恥ずかしいような気分になる。その夢とは，こんな内容だ。

　私らしき人物が，広い野原を歩いている。レンゲのような花が咲いているきれいな野原だ。のんびりと歩いていると，誰かの声が遠くから聞こえてくる。だんだんと声の主は近づいてくる。「待てーっ」と叫んでいるようだ。「あれっ？」と思って振り返る。相手は走って近づいてくるのだ。なんだかわからないが，私も走り出す。悪漢に追いかけられるような気分になる。必死に逃げるが，相手との距離はどんどん近くなる。「まずい。つかまる」と思った瞬間，私は両手を広げる。その両手を上下に動かし始める。すると，私の身体は少しずつゆっくりと宙に浮かんでいくのだ。相手が手を伸ばして，つかまえようとしても，もう届かない。これでもう安心だ。私はさらに手を動かして，空高く飛んでいく。

　こうして私は絶体絶命のピンチを何度も迎え，そのたびにそのピンチを切り抜けた。なぜこんな夢を見たのか。その理由は今もわからない。永遠の謎である。

1　ピンチに立つ

1 | ピンチとは何か

　学生に聞くと，入学したての頃，大学の授業にはずいぶんと戸惑うようだ。授業ごとに異なる教室。100人ほどの講義。90分の長い授業。自分で授業科目を選択すること。こうやってあげていけば切りがない。高校と大学では，大きな違いがあるのだ。

　中でも，試験にはすごく面食らうようだ。高校での定期試験の準備は，教科書の定められた範囲を覚えることが基本だ。それをしっかり理解すれば，ある程度の成績を取れる。たいていはそうやって試験に備えてきた。勉強とはそういうものだと思ってきた。

　ところが大学では，そうはいかない。新入生から，「試験範囲はどこですか？」と聞かれることもある。そのときは，「テキスト全部」と答えるしかない。膨大な範囲を全て覚えることなど不可能だ。先生から「論述問題を出します」と言われても，どんな試験問題か予想もつかない。高校までの試験勉強では通用しない。果たして単位は取れるのか。不安が募る。こうやって学生はピンチに立たされるのだ。

　私も大学1年生のとき，そんな気分を味わったことがある。そのときクラスの仲間と一緒に試験勉強した。一人ひとりが分担して，レジメを準備したのだ。手書きでレジメを作り，青焼きコピーで増し刷りした。それをもとに勉強して，定期試験に備えた。無事単位を取れた科目もあった。残念ながらダメだったのもあった。大学での勉強の神髄にちょっとだけ触れたような気がしたも

のだ。

　私たちは，自分流のやり方をいろいろ持っている。たいていはうまくいくが，ときとしてそれでは対応できない場面に出くわすことがある。それがピンチだ。それまで通用していたやり方ではうまくいかなくなれば，新しいやり方を工夫しなければならない。私たちはピンチに立たされるたびに，そうやって何か新しいものを自分のものにしていくのである。

2｜後回しと先送り

　小学校高学年の頃，夏休みの宿題の計画を立てるのが好きだった。一覧表のような計画表を作っていた。それが出来上がると満足して，たいていは計画通りにはやらなかった。しばらくして計画を立て直す。そんなことを二度三度と繰り返すと，夏休みも終わりに近づく。最後は泣きながらでも宿題をやるしかない。ほろ苦い思い出である。

　小学生の私は，宿題を先延ばしにしていた。宿題を今日やらなくても，明日も夏休み。だったら今日は遊ぼう。今日は今日しかないのだから。そんなふうに思っていたのかもしれない。

　やらなければならないことを後回しにする。決めなければならないことを先送りにする。私たちは，そんなふうについつい先延ばしをしたくなる。だが，先延ばししたツケは，結局いつかは自分に回ってくる。小学生時代の私のように。

　「明日できることは今日するな」と言われる。これは，二重の意味に取れる。一つは，今日しなければならないことを，明日に延ばすということである。それは，現実に正対しない態度である。今置かれている自分の現実を直視せず，それと向き合おうと

しないことである。

　もう一つは、今日しかできないことに全力で取り組むということである。それは、現在の時間をしっかりと過ごすことである。それが何よりも大切だという意味が込められているのである。

　二つの意味のどちらを選ぶのか、どちらの意味で取るのか。それは一人ひとりに任されている。どちらを選んでも、どちらを取ってもよいのだ。

　私たちの人生には、自分の意志決定を求められることが数多くある。それを先延ばしにせず、そのときどきできちんと判断していくこと。それが重要なポイントとなる。自分が今ここで直面していることから逃げようとせず、しっかりと取り組む。そこから次の未来が生まれてくるのである。

3 | 壁を越える

　日々の生活では、全てが順調に進むときもあれば、どうにもうまく回らないこともある。これまでと同じようにやっているつもりでも、進歩が見られないときがある。「壁にぶち当たる」とは、そのようなときのことを言う。この壁は目には見えない。どうやって越えていけばよいのか。すぐには妙案が浮かばないことがある。

　一生懸命勉強しても、成績が上がらない。それは一種のピンチである。誰もが、そんな経験を持っていることだろう。そんなとき、私たちは壁にぶち当たっているのだ。

　そのときの心理状態を、図3-3に示してある。縦軸は成績、横軸は時間の経過を表す。あるところまでは順調に成績が上がっていくが、第1の壁が目の前に立ちはだかる。すると成績は上がら

図 3-3 | 壁を感じる心理的メカニズム

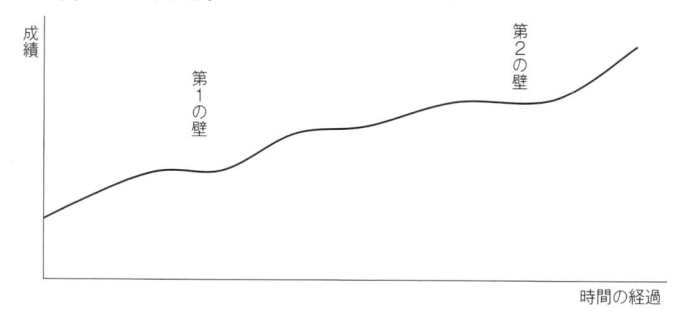

（縦軸：成績、横軸：時間の経過。第1の壁、第2の壁）

ず同じまま推移する。伸び悩みの時期だ。がむしゃらにやっても効果が出ない。先生から、勉強法のアドバイスを受ける。それがよかったようだ。少しずつ成績が伸び始める。その状態がしばらく続く。やがて、第2の壁が目の前に立ちはだかる。またまた成績は上がらない。焦り気味になる。再び先生のアドバイス。それがよかったのか、成績が再び上がり始める。このように、見えない壁にぶち当たると、同じところで足踏みしているように感じられるのだ。

　日々の生活の中で、私たちはさまざまな壁にぶち当たる。高い壁も、低い壁もある。巨大な壁も、小さな壁もある。私たちは壁の前に立つそのたびに、方策を自分なりに考える。一度立ち止まって、エネルギーを蓄える。そうやって、私たちはいくつもの壁を乗り越えていくのである。

4 | 視点を変える

　見えない壁と向き合い、面と向かって考える。そのことは重要だ。そのことによって得るものは大きい。壁を越えれば、自信も

つく。実力も伸びるというものだ。だが、いつもうまくいくとは限らない。

　もし、あまりにも壁が高く、乗り越えるのが困難だったとしたら、どうしたらよいだろうか。くるっと後ろを向いて、逃げてしまう。それも一つの手だ。無駄な労力は払わない。これはいい考えかもしれない。それでは、残念ながら前に進むことはできない。

　他に手だてはないだろうか。そう考えてみるのは有益だ。図3-4を見ながら、そういうことについて疑似的に体験してみよう。

図3-4｜【問題】4本の直線を用いて、一筆書きで9つの点を全部つなぎなさい。

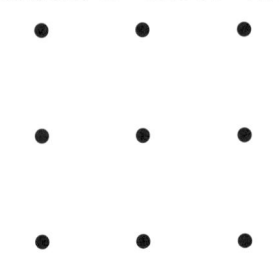

●　　●　　●

●　　●　　●

●　　●　　●

　さてどんなふうにしたら、一筆書きで9つの点をつなげるだろうか。少し時間をとって、自分で考えみよう。どうだろう。できただろうか。なかなか難しいかもしれない。よくよく考えても答えがわからなかった人のために、次の頁に答えを用意してある。

　何ということはない。答えを見てから、「なるほど」と思った人も多いのではないだろうか。視点をちょっと変えるだけで、難しい問題も易しい問題になるということだ。答えられなかった人は、Aの視点から問題を見ていたのだ。9つの点の内側だけで解決しようとしても、答えは見つからない。そこで少し発想を転換

【答え】

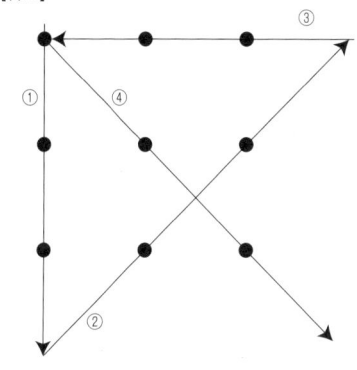

【二つの視点】

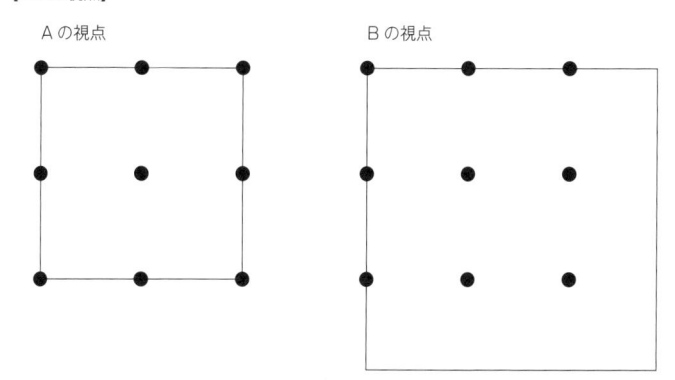

Aの視点　　　　　　　Bの視点

してみる。Bという視点から問題を見てみるのだ。そうすると，答えはすぐに見つかる。このようにして，問題を眺める視点を変えるだけで，解決の糸口が容易に手に入るのだ。

では壁の場合はどうだろう。よじ登れそうにもなかったら，迂回路がないかどうか確かめてみる。柔そうな壁だったら，壊してみる。それも一つの手かもしれない。そんなふうに違った視点か

第3章 ｜ 成長していく自分　　107

ら物事を見ることが、ピンチからの新しい脱出策につながっていくに違いない。

5 ｜ 一皮剝ける

　毎年夏、甲子園で高校野球の大会が開かれる。全国の予選を勝ち抜いたチームが、トーナメントで戦う。炎天下の中、勝利を目指して全力を尽くす。夏の風物詩の一つだ。

　甲子園に来るまでにも、さまざまなドラマがあったに違いない。甲子園でも、手に汗を握る試合が繰り広げられる。

　9回裏0対0、2アウト満塁、2ストライク、3ボールという場面。バッターボックスに立つ選手も、相手側のピッチャーも緊張の極致にいることだろう。ボールかストライクか、ヒットか空振りか。その一つで勝負は決まる。そんな体験は、滅多にできるものではない。

　一球の結果、勝者は残り、敗者は去る。負けた選手たちは、その悔しさから多くのことを学ぶ。勝った選手たちは、その嬉しさから多くのことを学ぶ。試合は終わるが、その後も人生は続く。どのチームの選手たちも、大会が終われば学校へと戻っていく。そこでの生活でも、そうした体験はきっと役立つに違いない。

　「一皮剝ける」という言葉がある。若者は、生活の中でいろいろな出来事を体験する。それは甲子園のように特別なものでなくてもよい。平凡な毎日の中での、小さな出来事でもよい。内的な準備を整えた若者が一つの出来事と遭遇するとき、大きく成長していくのである。一皮剝けて、別人のように成長するのだ。たった一つの出来事が、若者を大きく変えるのである。

　ピンチに陥っていた若者が、たちまちのうちに成長のチャンス

を手にすることもある。そんなこともある。人生の辛酸を味わい，苦労をなめることも，個性を育む肥やしになる。人生の喜びを他人と分かち合い，感動を人に伝えることもまた然りである。そうやって若者は古い自分の殻を脱ぎ去って，一回り大きく成長していくのである。

2　対処の仕方

1 | 時間を組み立てる

　1日は24時間。それは誰にでも平等に与えられている。睡眠，食事，身の回りのこと。これは生きていく上で，不可欠の活動だ。若者であれば，学校での時間も多くを占める。勉強や部活や趣味やアルバイト。その他もろもろ。1日24時間では，とても足りない。もっと時間が欲しいぐらいだ。

　その1日24時間をいかに使うか。時間の過ごし方は人それぞれである。そこに個性が表れてくる。どんなふうに過ごしているか。それを見れば，その人のことがよくわかるのである。

　時間を過ごす基本は，時間を区切ることである。この時間はこの活動。あの時間はあの活動。一つの活動を終え，次の活動を始める。次々と別の活動へと移っていく。それが時間に区切りをつけるということだ。テレビをダラダラと見続ける。いつまでも勉強に取りかからない。それでは区切りはいつまでもつかない。平板な時間だけが過ぎ去っていくだけである。

　時間を区切るとは，1日の生活を組み立てることである。今日やるべきとは何か。優先順位をつけなければならない。やるべき

順番を意識すること。それが大切だ。1日の時間は限られている。やりたいと思っても，全部はやりきれないのだ。

　優先順位をつけるには，どれかを選び，どれかを捨てないといけない。思い切って一つのことに専念すること。それもときには必要かもしれない。二つの活動に半分ずつの時間を割り当てる。そうしてやらなければいけないかもしれない。それぞれの重要性や〆切を考慮しながら，その日にやるべきことをやる。そんなふうにして1日の時間を組み立てる。その繰り返しが，生きる力の源泉となるのだ。何も考えず，ただなすがままに毎日を過ごす。精神的なその日暮らしは，その対極にある。

2 ｜ 複合的に見る

　私がメガネをかけ始めたのは小学1年生からだ。初めは仮性近視だった。成長するとともに，近眼の度数も強くなった。強度の近眼だ。そうなると，メガネを外すと，遠くは見えない。鏡に映った自分の顔も，ぐっと近づかないと見えない。それも，鼻とか目。一部分しか見えないのだ。といって鏡から離れると，今度はぼんやりとしか見えない。実に厄介だった。50代後半に白内障の手術をして，人工レンズを入れた。それからは，近くも遠くも見えるようになった。世界が変わったような気がしたものだ。

　私たちは，自分の目で外の世界を見る。その見え方は，さまざまだ。偏見というメガネをかけていれば，歪んだ像しか見えてこない。自分ではそれに気づかないから，余計に厄介だ。ステレオタイプというメガネをかけていれば，いつも同じ像しか見えてこない。自分ではそれが正しいと思っていれば，それもまた厄介だ。

　そんなメガネは論外である。外の世界をクリアーに見る。それ

には、どうしたよいのだろうか。大所高所から見るとよいと言われる。小さな点にはこだわらない。広く全体を見通すような視野が大事だという教えだ。空を飛ぶ鳥は、高いところから見渡すことができる。鳥瞰図に描かれた風景は、大空から見たものである。全体の構造をつかむには、そうした視点が欠かせない。

　他方で、細部へのこだわりも意味がある。部分があってこそ、全体が成り立つからだ。個別の部分をきちんと把握することで、全体の構造も理解できる。大地にいる虫のように、目の前のものをしっかりとみる。そういう視点も不可欠である。

　鳥の眼と虫の眼。二つの視点から複合的に物事を見る。それは私たちの認識を深め、本質的な理解を促す。複合的な見方とは、分析と総合によって成り立つものである。二つの視点から常に物事を理解しようとすることが大切なのだ。「木を見て森を見ず」でもダメである。「森を眺めて木を見ず」でもダメなのである。

3 | ツボを押さえる

　大きなスーパーには、レジがいくつか並んでいる。レジ係の仕事のスピードはさまざまだ。その中に手際のよい人がいる。てきぱきとした手つきに、思わず感心する。手際のよさは、速さだけではない。籠に詰められた品物がきれいに並べられていると、すごいと思ったりする。仕事の丁寧さも欠かせない。

　レジにはときどき実習生も交じる。手つきも挨拶もぎこちなかったりする。まだ仕事に慣れていないからだ。それでもコツをつかめば、仕事ぶりは板についてくる。レジの仕事にはマニュアルがある。それに従えば、やっていけるのである。

　人が何か新しいものを身につけるには、いくつかの方法があ

る。一つは，自分で経験して学ぶこと。体験は貴重だが，自分勝手なやり方では試行錯誤を強いられる。誰か他の人がやっているのを見て学ぶという方法もある。「人の振り見て我が振り直せ」と言われる。他人は自分にとって重要な教師となるのだ。

　人生はレジ打ちとは違う。そこにマニュアルは存在していない。自分の道を自分で歩く。それが求められる。闇雲に歩いても，疲れるだけだ。ポイントをつかむこと。それが何よりだ。マニュアルがない人生のポイントをつかむのは難しい。誰かモデルとなる人の生き方を参考にすること。それも一つのやり方である。

　モデルはあこがれの対象だ。自分の持っていないものを持っている。自分ができないことをやっている。自分との距離があるモデルを見習いながら，少しずつ新しいことを身につけていく。モデルの手際よさには，隠れたツボがある。複合的な視点からモデルを眺め，それを見つけ出す。私たちは日々，そういうことを知らず知らずのうちに繰り返しているのである。

4 ｜ 一休み

　机の前に長く座っていると，疲れてくる。そのまま作業を続けても，能率が下がってくるだけだ。首を回したり，肩を回したり。ちょっと凝っているところを自分でマッサージする。それだけで，ずいぶんと気分が変わってくる。またやろうと再び元気を取り戻す。

　このように，私たちは活動と休みを交互に取る。活動の後の一休みが，次の活動のエネルギーを生み出す。休むことは重要なのだ。

　楽しいことだと，なかなか止められない。遊びに夢中になって

いる子どもがそうだ。思いっきり遊び回り、ほとほと疲れるまで帰ろうとしない。家に帰ったら、バタンキュー。誰にもそんな経験があるだろう。一つの活動に区切りを入れる。それは予想以上に難しいことなのだ。

　苦しいことだと、すぐに休みたがる。他のことに気が向いて、なかなか集中できない。そんなことは誰しも経験したことがあるだろう。活動を持続する。それもまた難しいことなのである。

　自分で意識して休みを取る。毎日の暮らしには、そうした工夫が欠かせない。ここまでやったら一休み。自分の目標を立てて、そこまでやったら休憩する。そんなやり方もある。1時間やったら一休み。そんなふうにしてもよいだろう。

　そうやって一休みして、身体も心もリフレッシュする。長い人生には、そういう時間も必要である。一休みは、永遠の休みではない。どこかでまた動き出す瞬間が来る。動から静へ。再び動へ。時間を区切りながら、私たちは生きていく。

5 ｜ 引き出しを増やす

　今でも大学の民俗学の授業で習ったことを一つだけ覚えている。それはハレ（晴）とケ（褻）の区別だ。ハレの日は祭や行事など、特別な日のこと。ケの日は、日々の日常生活のことである。

　ハレの日は、そうそういつもあるものではない。私たちは、平凡で坦々とした毎日を過ごすのである。

　ケの日は、たいていは同じことの繰り返しだ。朝起きて、顔を洗ってから犬の散歩。食事をして、大学に出かける。授業や会議。昼食を食べる。仕事が終わる頃には夕方になる。家に戻る。夕食を食べ、風呂に入って寝る。これが私のケの日の様子である。

定年になるまでは，こうした生活が続くだろう。

　毎日の暮らし（ケ）では，こうして日課に自分を合わせていく。それが1日，1日と積み重なっていく。それは日々の練習のようなものだ。ボルノウ（ドイツの教育学者）が言うように，練習は私たちの精神の自由を作り上げていく。決まりきった日課を定型通りにこなしていく。そういった営みは重要なものだといえる。

　一方で，ハレの日には，日頃できないことをやり，いつもとは違う暮らしを味わう。いろいろなことに挑戦し，自分の可能性を確かめてみる。そうやってさまざまな体験を積み重ねることで，自分の引き出しを増やしていく。そのこともまた大切なことなのである。

　まずはやってみる。一歩足を踏み出してみる。やらないで後悔するよりは，やってみる方がいい。やり始めたら，やり通すのがいい。やり抜いた経験は，何物にも替え難い。それが自分の引き出しに，さまざまなものを蓄えていくのだ。

3　主体の形成

1｜人としての器

　大人という言葉は，「おとな」とも読むし，「たいじん」とも読む。「おとな」とは，成長して一人前になった人のことである。「たいじん」とは，徳の高い立派な人，度量のある人のことである。若者は二つの意味で大人になっていく。

　「おとな」とは何か。それは大変難しい問題である。20歳になれば成人となる。今の社会では，それを境にして，すぐに「おと

な」になるとは考えにくい。就職，結婚，子どもの誕生。いくつものライフイベントを経験しながら，若者は少しずつ「おとな」になっていくのである。「おとな」になるにも長いプロセスが必要なのだ。

「たいじん」の方はどうだろうか。「たいじん」とは度量のある人である。度量とは，元々はモノサシと升のことである。転じて，長さと容積を意味する。人間の度量は何で測ればよいのか。それもまた難しい問題である。

今の社会では，学歴が人を測るモノサシとして顔を利かしている。学歴の高いことが，人間としての徳を意味する。そんな考えに毒されている人も少なくない。

学歴以外には，人を測るモノサシはないのだろうか。その人の持つ潜在能力でも，人間の度量を測れるだろう。若者の未来は長く，未知数だ。それだけに，いろいろな可能性にも期待ができる。

若者は，まだまだ未熟な面を持っている。子どもでもないし，大人でもない。半分子どもで，半分大人。若者はそんな中途半端な状態にいる。若者は，自分の度量を大きくする途中の段階にいるのである。

5リットルの器には，5リットルの水しか入らない。5リットルの器を10リットルにすれば，10リットルの水を入れることができる。人間の度量とは，そうやって自分の器を大きく広げていくことである。その器の形はどうでもよいのだ。それぞれが個性溢れる形の器を作り上げていく。それが若者の成長というものなのである。

2 | 伸びしろ

　ある国際学会で，研究発表を終えたときのことだ。外国人の研究者が私のところにやって来て，"Your research is promising." と言ってくれた。お世辞とはわかっていても，とても嬉しかった。

　この promise とは，将来前途有望というような意味である。今後さらに伸びていく。その可能性が高いことを指している。今よりも未来の方が発展する。そんな予言のようなものである。実際にそれが当たるかどうか。それはわからない。それよりも大事なことがある。それを言われた当人が，その気になるかどうかだ。その予言を自分の手に引き寄せるかどうか。それは努力次第なのである。

　若者は将来性に満ちている。やがて学校を卒業し，社会に出て活動する。その未来がどうなるのか。若者の未来には，さまざまな可能性がある。その裏側には不安が渦巻いている。今よりもさらに成長することは確かである。

　そのとき，伸びしろをどれぐらい持っているのか。それが重要なポイントとなる。どんなことにでも興味を持つ知的好奇心。何事にもまずは取り組んでみる行動力。他人をあっと言わせるような目の付けどころ。行動するときに狙いを明確に定める目的意識性。そうしたものが，若者の伸びしろをより強固なものにしていくのである。

　今は人生90年時代と言われる。今，15歳とすれば，これまでの5倍，75年の人生が残っている。18歳であれば，これまでの4倍，72年の人生が残っている。そうした長い人生を生きていくにも，伸びしろを蓄えることが求められるのである。

3 | 人生に正解はない

　大学生だったとき，東京から京都まで各駅停車を乗り継いで行ったことがある。時間はあるがお金はない。学生ならではの旅である。今なら新幹線。2時間半もかからない。もちろん今でも，各駅停車で京都へ行ける。どれぐらい時間がかかるかはわからないが。このように，目的地は同じでも，そこに至るプロセスはさまざまである。

　旅先も京都とは限らない。神戸，香川，長崎，福井，山形，北海道。いくらでもある。国内旅行だけではない。飛行機に乗って外国に行くのも簡単だ。こうして目的地も自由に選べるのだ。

　人生という旅も同じである。目的地も，その旅程も，自由に選ぶことができる。選ぶことのできる自由の裏側には，不安や悩みがついてまわる。それも含めて，人生を歩んでいかなければならないのである。

　人生には正しい答えも誤った答えも存在しない。一つの選択が次の選択を生み，さらにそれが次の選択を生んでいく。いくつにも枝分かれした道を順々に歩いていくしかないのである。それがどこに行き着くのか。それを予想することはできても，必ずしもその通りになるとは限らない。

　自分で悩んで出した答えが，正解なのだ。そのとき，傍に誰か支えてくれる人がいれば，なおさら力強い。正解の英語はcorrectだ。それは，cor（一緒）とrect（まっすぐに導く）から成っている。正解とは，一緒にまっすぐに導くという意味なのだ。若者の傍にいて，一緒になってまっすぐに導いてくれる人がいる。一緒に悩んでくれる人がいる。そうして出した答えは，それが正解となる

のである。

4 | 新しい世界への挑戦

「そうぞう」は漢字で,「想像」とも「創造」とも書ける。「想像」は,実際には経験していない出来事を推測することだ。現実には存在しない事柄を心の中に思い描くことでもある。「創造」とは,新しいものを初めて作り出すことである。

想像も創造も,今という時点には存在していないものを心の中に想定することから始まる行為である。今という時点の制約を超えて,未来へと羽ばたいていくこと。そこから,新しいものが生み出されていくのである。

若者は,この二つの「そうぞう」に富んでいる。想像力も創造力も十二分に兼ね備えているのである。

大学のキャンパスには,いろいろな学生の姿が見られる。建物の陰でアカペラで合唱する学生たち。ボランティアで献血を呼びかける学生たち。体育館の窓ガラスの前でダンスを踊る学生たち。図書館の閉館間際まで勉強する学生たち。いまどきの若者は,いまどきのやり方で自分たちの存在を主張しているのだ。そこには他者への想像や未知への創造が溢れている。

若者は,「自分は何者にもなれる」と信じている。それは正しい。若者は想像力と創造力を秘めた存在なのだから。いつの時代も新しい社会を作る原動力になったのは若者だった。新しい世界へ挑戦し,そこに自分を賭ける。そんなふうにして若者は自分の未来を切り開いていくのである。

5 | 未来を創る

　「学校で学んだものとは、学校で勉強したことを忘れた後に残ったものだ」とも言われる。学校で学んだ知識は、いつか忘れ去られていく運命にある。だが、学校で学んだという体験はいつまでも残り続ける。その体験から獲得するものこそが、学ぶことの意義の内実なのだ。

　学ぶとは、授業や宿題だけのことではない。友人や教師との語らいも、若者に多くのことを気づかせてくれる。それもまた自分を作る大切な学びである。

　未だ来ない未来は、未知のものであり、期待と不安に満ちている。はっきりと見えない未来だからこそ、若者はそこに向かって歩いていける。自分の可能性を現実のものとして実現するために、若者は前へと進んでいく。

　自分とは、どこかにあらかじめあるものではない。そんな「自分」を探して歩き回っても、どこにも「自分」はいないのだ。自分とは、探すものではないのである。

　自分とは、今から未来という時間軸上に、自分自身で作り上げていくものなのだ。若者は、想像的かつ創造的に自分づくりをしていく。そこには不安や悩みがつきものである。それも糧にして、バネにする。そんな力強さを若者は備えている。

　若者は、これまでの歴史に置いても、そのときどきの新しい社会づくりに大きな役割を果たしてきた。これからもまた、同じように活躍していくに違いない。今を生きる若者が、未来の社会の主人公として、きっと大きく羽ばたいていくことを信じたい。

あとがき

　心理学の面白さは，自分の立てた予想を自分の調査データで確認するところにある。それは，膨大な数字の列の中から，揺れ動く人間の心理をつかむことである。現実に生きている人間の心理を理解するのは，容易なことではない。それだけに，ほんの少しでもそれが実現できたときには，心理学が面白いと感じられるのである。

　「心理学の過去は長く，歴史は短い」と言われる。記憶研究で有名なエビングハウスの言葉である。古来，哲学を初めとして，さまざまな学問において人間の心は論じられてきた。1879年，ブントが初めての心理学実験室を作った。それ以降，哲学から分かれて，科学的心理学の歩みが始まった。

　心理学者たちが人間の心について研究し始めてから，まだ130年余りしか経っていない。それ以前も長い間，人間はこの地球上に暮らし，生活を営んできた。何を考え，どんなふうに行動するのか。そうした人間の心理は，小説や演劇やその他いろいろな芸術の中で表現されてきた。それは日常における素朴な心理学なのである。

　科学としての心理学の課題は，固有の方法論を用いて，素朴な心理学で語られている内容を実証することにある。私個人の研究課題は，時間的展望という概念を手がかりに人間心理を明らかにすることである。そうした研究を始めてから，約30年になる。

　この十数年は，環境移行に焦点を当てた縦断的研究を続けてきた。若者や子どもは，上級学校への進学や学校から社会への移行を経験する。その移行プロセスで，彼らは自分の未来を想像しな

がら成長発達を遂げていく。質問紙調査を幾度も繰り返して実施することで、いくつかの興味深いことがわかってきた。

　こうした研究で得られた知見の意味を日常生活と結びつけてとらえ直し、それを伝えること。それは、大学教育に携わる者としての使命であると思う。心理学の面白さを広く理解してもらうには、できる限り日常生活に即して語ることが必要なのだ。これまた容易なことではないが、自分なりに努力してきた。

　中央大学での講義、他大学での集中講義、各種の講演会。年齢も興味関心も異なる人々を相手に、学術的成果と日常生活の行動・心理との結びつきについて話してきた。本書は、そうした内容のエッセンスをまとめたものである。本書をきっかけとして、心理学に対する興味・関心を持つ人々の輪が広がっていけば、これ以上の喜びはない。

都筑　学

参考文献

- エリクソン, E.H. (村瀬孝雄・近藤邦夫訳)『ライフサイクル，その完結』みすず書房，1989年。
- カナー, L.『児童精神医学』医学書院，1964年。
- 金子みすず「さみしい王女」,『新装版 金子みすず全集Ⅲ』JULA, 1984年。
- 木村敏「危機とは何か」,『青年心理』No.60, 1986年, 2-10頁。
- クローセン, J.A. (佐藤慶幸・小島茂訳)『ライフコースの社会学』早稲田大学出版部，1987年。
- シェークスピア, W. (福田恒存訳)『ハムレット』新潮社 (新潮文庫)，1967年。
- シェークスピア, W. (福田恒存訳)『お気に召すまま』新潮社 (新潮文庫)，1981年。
- 白井利明・都築学・森陽子『やさしい青年心理学』有斐閣，2002年。
- 白川英樹『私の歩んだ道』朝日新聞社，2001年。
- シルヴァスタイン, S. (倉橋由美子訳)『ぼくを探しに』講談社，1979年。
- 城山三郎『素直な戦士たち』新潮社，1978年。
- 千田夏光『女子高生は菫色』汐文社，1985年。
- 都築学「人生における転機」,『中央評論』No.199, 中央大学出版部，1992年，68-73頁。
- 都築学『大学生の時間的展望』中央大学出版部，1999年。
- 都築学「小学校から中学校への進学にともなう子どもの意識変化に関する短期縦断的研究」,『心理科学』22(2), 2001年，41-54頁。
- 都築学『大学生の進路選択と時間的展望』ナカニシヤ出版，2007年。
- フレス, P. (原吉雄訳)『時間の心理学』東京創元社，1960年。
- フロム, E.『希望の革命 (改訂版)』紀伊國屋書店，1970年。
- ボルノウ, O.F. (岡本英明監訳)『練習の精神』北樹出版，2009年。
- Luft, J. 1970 *Group Processes: An Introduction to Group Dynamics* 〔Second ed.〕 Palo Alto, California: Mayfield.
- Marcia, J.E. 1966 Development and validation of ego-identity status. *Journal of Personality and Social Psychology*, 3, 551-558.
- Snyder, C.R. 1994 *The Psychology of Hope*. New York: The Free Press.

中央大学「125ライブラリー」 刊行のことば

 1885年に英吉利（イギリス）法律学校として創設された中央大学は2010年に創立125周年を迎えました。これを記念して，中央大学から社会に発信する記念事業の一環として，「125ライブラリー」を刊行することとなりました。

 中央大学の建学の精神は「実地応用の素を養う」という「実学」にあります。「実学」とは，社会のおかしいことは"おかしい"と感じる感性を持ち，そのような社会の課題に対して応える叡智を涵養（かんよう）するということだと理解しております。

 「125ライブラリー」は，こうした建学の精神のもとに，中央大学の教職員や卒業生などが主な書き手となって，広く一般の方々に読んでいただける本を順次刊行していくことを目的としています。

 21世紀の社会では，地球環境の破壊，社会的格差の拡大，平和や人権の問題，異文化の相互理解と推進など，多くの課題がますます複雑なものになっています。こうした課題に応える叡智を養うために「125ライブラリー」が役立つことを願っています。

中央大学学長　永井和之

都筑　学（つづき　まなぶ）

中央大学文学部教授。1951年東京都生まれ。東京教育大学教育学部卒業，東京教育大学大学院教育学研究科修士課程修了，筑波大学大学院心理学研究科博士課程単位取得退学。博士（教育学）。大垣女子短期大学専任講師・助教授，中央大学文学部助教授を経て1994年より現職。

専門は発達心理学。1980年頃から，時間的展望の研究を一貫して行ってきた。この十数年は，環境移行に伴う時間的展望の変化プロセスを，縦断的研究によって検討している。

著書に『大学生の進路選択と時間的展望』（ナカニシヤ出版），『大学生の時間的展望』（中央大学出版部），共著書に『やさしい青年心理学』（有斐閣）などがある。

125ライブラリー 002

今を生きる若者の人間的成長

2011年3月31日　初版第1刷発行

著者	都筑　学
発行者	玉造竹彦
編集	125ライブラリー出版編集委員会
発行所	中央大学出版部 東京都八王子市東中野742-1　〒192-0393 電話 042-674-2351　FAX 042-674-2354 http://www2.chuo-u.ac.jp/up/
装幀	松田行正
印刷・製本	藤原印刷株式会社

©Manabu Tsuzuki, 2011 Printed in Japan
ISBN978-4-8057-2701-0

本書の無断複写は，著作権法上での例外を除き禁じられています。
本書を複写される場合は，その都度当発行所の許諾を得てください。